文化赋能

如何成就一家上下同频的企业

徐耀东 ◎ 著

中国商业出版社

图书在版编目（CIP）数据

文化赋能：如何成就一家上下同频的企业 / 徐耀东著 . -- 北京：中国商业出版社，2021.12
ISBN 978-7-5208-1959-6

Ⅰ . ①文… Ⅱ . ①徐… Ⅲ . ①企业文化－研究 Ⅳ . ① F272-05

中国版本图书馆 CIP 数据核字（2021）第 242213 号

责任编辑：袁开春

中国商业出版社出版发行
010-63180647　www.c-cbook.com
（100053　北京广安门内报国寺 1 号）
新华书店经销
文畅阁印刷有限公司印刷

*

710 毫米 ×1000 毫米　16 开　15.5 印张　200 千字
2021 年 12 月第 1 版　2021 年 12 月第 1 次印刷
定价：58.00 元

****

（如有印装质量问题可更换）

自序

成功方程式：态度 × 深度 × 厚度

改革开放 40 多年来，中国经济实现了飞跃发展，但近年来，随着国家经济增长速度放缓，市场竞争压力日趋紧张，越来越多的企业开始陷入迷茫，尤其是很多中小微企业，遭遇发展瓶颈。

长期以来，很多企业都将企业发展中的各种问题归因于企业管理问题，企业管理者都在考虑如何提升企业管理效率，专家学者也为此推出各种管理理论，如科学管理、信息化管理、扁平化管理、人性化管理等。

管理问题的解决方案可谓数不胜数，企业似乎总能找到适合自己的方法。我在长期的咨询调查中发现，很多企业将目光局限于管理手段，却忽视了企业文化的建设与落地。

每当管理者询问我如何解决这些问题时，我都会问一个问题："你的企业文化是什么？"这时，他们则会表现出一脸茫然，似乎在说："这有什么用？"

浙江云胖烤鸭连锁店的规模一度达到 100 多家店，但在此后，云胖烤鸭的发展却遇到瓶颈，不仅连锁店规模只剩 20 多家，致使核心创始人遇到前所未有的挑战。2018 年底，云胖烤鸭的创始人王海云给我打来电话想要咨询连锁运营管理的解决方案，经过初步沟通后，他决定来参加我们三度集团的课程进行学习。

在课上，我们分享了关于创始人如何引领团队、成就员工的各项内容。我特地问了王海云："你的企业愿景是什么？"如果你的企业没有愿景或使命，那你的企业又如何能够发挥指引作用，统一思想、凝聚班底，进而成就员工？

因此，我们最终帮云胖烤鸭确定的愿景是"成为全国烤鸭加盟连锁第一品牌"，而云胖烤鸭的使命则是"让平凡的家庭、平凡的人过不平凡的生活"。

我们的诠释是：云胖烤鸭的盈利模式实际来自烤鸭店的招商加盟，不仅是终端消费者，因此云胖烤鸭的客户群体正是那些夫妻店。基于这样的客户定位，云胖烤鸭的使命必然是要帮助这些夫妻店赚更多钱，帮助这些平凡的家庭过上不平凡的生活。

企业文化的重塑和品牌故事的定型，让云胖烤鸭走上了全然不同的发展道路。经过 2019 年的完善发展，即使经过 2020 年的新冠疫情暴发，云胖烤鸭的连锁店规模也迅速发展到 700 多家。我总是更强调企业文化的问题，这是因为，当今时代的企业竞争必然遵循一个成功方程式，那就是：成功 = 愿力 × 能力 × 德力。

（1）愿力，是我们对待事业的爱，包括志向、愿景、使命感等。三度的其中一个"度"——有态度，说的就是愿力。

（2）能力，是我们工作、生活中的行动。包括学习能力、练习的能力、实践的能力、总结的能力等。三度的其中一个"度"——有深度，说的就是能力。

（3）德力，是我们的善心，做事、做人的初心。当我们在工作生活中面对他人的时候，我们要有利他之心、利他之行，要懂得当下利他。三度的其中一个

"度"——有厚度，说的就是德力。

这就是成功方程式，无论时代如何发展、社会如何变迁，任何成功都离不开这三个要素。

人是如此，企业亦是如此。回到企业运营的环境来看，我们遇到的那些困难，真的是因为企业缺乏潜力，或者员工缺乏能力吗？更多时候，种种问题的产生，其实是因为态度的缺失，也即企业文化的缺位。

文化是一切组织的灵魂，缺少文化的企业就不可能强大。而当企业文化得到成员认可并共同遵循时，企业文化不仅能够引起全员共鸣，激发全员斗志，更能够推动个人目标与企业目标的共同实现。

在从事企业咨询服务的这些年里，虽然我也会为学员量身打造具体的解决方案，但这一切都是以企业文化为前提。但凡取得非凡成就的人，必然以坚定、奋进的态度面对人生；但凡取得非凡成就的企业，必然都是拥有强大文化并实现落地的企业。

本书正是立足于企业文化的价值与作用，以愿景、使命、价值观为核心，从企业与个人的两个层面探讨如何实现企业文化落地，并依靠企业文化带动员工与企业的共同成长，打造出一个强战斗力的铁军团队和高凝聚力的铁班底！

徐耀东

2021年8月

前言

进入21世纪以来，市场已经诞生出太多的传奇人物和传奇企业，如任正非与华为、乔布斯与苹果、马斯克与特斯拉……无数人都在研究这些企业家及其企业的成功原因，希望能够成为"×××第二"。

然而，发展环境无法复刻，市场机遇也难以重复，这些传奇故事真正能够传承下去的唯有企业文化，而这正是企业成功的关键因素。

企业文化是企业的灵魂，看似虚无缥缈的文化，却是企业能够引起全员共鸣、激发全员斗志的核心驱动力，更能够为个人目标和企业目标的实现而保驾护航。无论是企业竞争发展，还是个人事业进步，都需要文化这一灵魂作为支撑，否则，企业或个人将在不断前进的过程中失去动力、迷失方向。

如今，越来越多的企业开始认识到企业文化的重要性。但如何让看似虚无缥缈的文化真正落地，却成为无数企业家的共同难题。基于此，本书希望能够为读者朋友提供一套企业文化落地的完整方案。

本书内容共分为八章，从企业文化的价值与作用出发，深入探讨企业文化的落地方案。与其他企业文化落地方案不同的是，本书不仅站在企业的角度讨论如何发挥企业文化效能，而且站在个人的角度讨论价值观与使命的效用；不仅帮助个人摆脱工作与生活的对立关系，而且也详细阐述了企业文化与企业制度的协同方案。

之所以如此设计，正是因为，一个强大的企业文化必然源自企业与个人的相互作用，企业可以引导企业文化的大方向，个人也会影响企业文化的小细节；但无论如何相互作用，如果无法得到企业与个人的共同认可，那企业文化的落地也就无从谈起。

与此同时，企业文化蕴含的愿景、使命和价值观，不仅作用于企业发展，而且也作用于企业每个成员的工作与生活，它将指引企业与个人在有限的生命里做出更有意义的事情。

因此，本书不仅适用于企业管理者，同样适用于企业员工阅读，希望读者朋友们能够通过阅读本书，在企业文化上达成共识，从而共同推进企业文化的落地，让企业的价值得以实现，也让个人的人生更具意义。

目录

第一章 企业无魂则不强,事业无魂不长远 /001

01 为什么文化是人类最强大的东西 /003

02 企业文化是企业的灵魂,无魂则不强 /005

03 企业为什么必须打造企业文化 /008

04 企业文化的价值与作用 /011

05 华为的企业文化 /014

06 三度苏东胜的"声音" /017

第二章 三观要正:世界观、人生观、价值观 /021

01 人才是被梦想感召的,不是高薪挖来的 /023

02 伟大的梦想才能诞生伟大的力量 /026

03 万物是心灵的映射,事业是梦想的映射 /031

04 做一家企业,是为了造福更多人 /035

05 生活是艺术品,事业是陈列底座 /038

06 只有统一了核心价值观的企业才有未来 /042

07 如何提炼企业价值观 /048

　　　　08　你想成为一个什么样的人 /053

第三章　工作与生活的统一：如何生活与工作 /059
　　　　01　身在红尘里，工作是最好的修行场 /061
　　　　02　勤奋努力是生活的原则，也是工作原则 /064
　　　　03　正确的思维方式，工作与生活的导航仪 /067
　　　　04　有梦想的人，生活与工作总能统一协调 /071
　　　　05　守原则，重行动，人生和工作都如此 /075
　　　　06　磨砺心志，表达感恩，工作才有喜悦 /078
　　　　07　生活中利他，工作上利他，利他是福报 /082
　　　　08　企业使命、愿景、价值观落地 /086
　　　　09　致所有努力奋斗的人 /091

第四章　满怀使命感，让个人使命与企业使命统一 /093
　　　　01　为什么个人、企业、社会都必须有使命感驱动 /095
　　　　02　个人拥有强大使命，才能助推企业愿景 /097
　　　　03　企业拥有更强大使命，才能更好参与竞争 /101
　　　　04　个人使命是什么，他理解的企业使命就是什么 /103
　　　　05　如何在企业使命中找到个人的使命 /106
　　　　06　如何在落地个人使命时完成企业使命 /110
　　　　07　三度集团个人使命与企业使命如何统一的 /114
　　　　08　给自己种下冠军的种子 /116

第五章　如何让企业文化和制度更有效落地 /119

01　文化要落地，制度必先行 /121

02　企业文化落地要做好的四项工作 /124

03　如何通过宣讲培训落地企业文化 /127

04　如何通过视觉化方式落地企业文化 /129

05　如何通过企业制度固化企业文化 /131

06　如何通过召开会议传播企业文化 /134

07　华为企业文化和制度如何落地的 /138

08　成就伙伴就是成就自己 /140

第六章　人生 900 格：在有限生命里做更有意义的事 /143

01　生命的意义是什么 /145

02　为什么有人在有限的生命里做了其他人做不到的事 /149

03　其实，人生只有 900 格 /154

04　如何才能做更有意义的事 /161

05　如何在工作中发挥自己最大的价值 /165

06　人生 900 格自测 /169

07　"幸运"的秘密 /174

08　人生就是不断修炼的过程 /177

第七章　文化是行动：如何打造企业文化 /179

01　什么样的企业文化才是良好的文化 /181

02 塑造热情、踏实、努力、持之以恒的工作文化 /184

03 打造相信求真和匠心的产品文化 /189

04 打造宽容、上进、谦虚、坦诚的人际关系 /192

05 塑造率先垂范、敢担责任的行事文化 /196

06 找对人，做对事，敢授权 /199

07 如何打造企业员工手册 /206

第八章　欲成大事先讲故事：如何讲好企业故事 /213

01 会讲故事的企业都做大了 /215

02 只讲道理的企业，永远打不过会讲故事的 /216

03 企业品牌要传播，需要故事来运作 /219

04 如何将企业愿景、使命、价值观融入故事 /221

05 如何通过讲故事，来高效运营你的铁班底 /223

06 铁军团队与铁班底，都是通过讲故事来凝聚的 /227

07 最会讲故事的企业 /230

后记 /233

WENHUA FUNENG
文化赋能

第一章

企业无魂则不强，事业无魂不长远

企业文化是企业的灵魂，看似虚无缥缈的文化，却是企业引起全员共鸣、激发全员斗志的核心驱动力，更能够为个人目标和企业目标的实现而保驾护航。无论是企业竞争发展，还是个人事业进步，都需要文化这一灵魂作为支撑，否则，企业或个人也将在不断前进的过程中失去动力、迷失方向。

01
为什么文化是人类最强大的东西

文化是组织的群体心智模式和行为模式,也是能够成为习惯的精神价值和生活方式,在文化的作用下,组织最终将形成集体人格。这里的组织小到一个团队,大到一个企业,甚至一个民族、一个国家,任何组织的形成和传承,都离不开文化作为灵魂。

具体而言,文化的内涵十分复杂,包含历史、地理、风土人情、传统习俗、生活方式、文学艺术、行为规范、思维方式、价值观念等各个方面,它是一个极大的理念范畴。也正是在多方面的熏陶和影响下,每个人的思想和行为都会受到文化的规范,这样的规范也让人类得以创造生物学上的奇迹。

从生物进化的角度,我们能够理解猿猴最终进化为人类,但这却很难解释:人类为何如此独特,当人类的近亲猿猴仍在茹毛饮血时,人类却已经能够制造出火箭将自己送上月球?动物虽然也会合作,但却没有法律、制度、道德,更不像人类社会一样充满象征意义?

燕雀可以发出嘤鸣之声,但贝多芬却可以谱写出交响乐;黑猩猩懂得钓食蚂蚁,但厨师们却能烹饪出满汉全席;或许有动物可以数1、2、3,但牛顿却可以创立微积分……

坐在写字楼中的我们,不妨也尝试思考一下:窗外的那座摩天大楼,是如何出现的呢?我们当然知道,它是由建筑工人建造而成。正是这样一批工人,只需经过培训,他们不仅可以修建大楼,还可以建造码头、桥梁、运河等,而小鸟、工蚁、工蜂们却只会筑巢,再不会做其他建筑。

事实上,在一座建筑的修建中,我们可以看到令人震惊的合作力,所有工人都必须在适当的时间和地点进行协作，从而确保这座建筑有牢固的地基和门窗，布局合理的电线和管道，美观舒适的墙面和电器，其中涉及购置材料、劳务分包、机械操作、工具使用、财务运作等诸多事务，所有这一切共同交互形成一张庞大细密的网络，最终结成一座供人们使用的建筑。人们又在这座建筑里工作，进而在分工协作中创造出更大的价值。

达尔文的进化论可以有效地解释生物的漫长进化，但在关于"智力"进化的论题时，达尔文却坦言："毫无疑问，探寻从低等动物到人类的每一种不同能力的发展过程都将是十分有趣的。但我的能力和知识有限，难以尝试。"

毋庸置疑，人类的智力、语言、合作、学习和道德都是人类独有的特征，正是这些特征帮助人类取得了非凡的成就，成为生物界甚至已知宇宙中最特殊的生物，而这些都要归因于人类独特且强大的文化能力。

人类的智力并非生物界中最高的，如黑猩猩、海豚、大象、乌鸦等动物都展现出了丰富且复杂的认知能力，但只有人类，在不同文化特质的竞争中，在复杂交织的文化进程中，我们的行为和技术不断变化迭代进步，我们的知识得以共享与传承，我们解决问题的能力得以持续提升，我们洞察世界的能力也随之增强。

纵使不谈人类与动物的区别，在人类内部的民族传承中，文化同样发挥了强大的作用。

正如《论语》中写道："夷狄之有君，不如诸夏之亡也。"在孔子看来，即使是有君王的边疆夷狄，也不如没有君王的华夏文明，这正是因为文化的差别。在文化的影响下，即使没有君王，人类文明也能不断进步；但如果没有文化，所谓君王却更类似酋长，部落生存也难以为继。

在漫长的人类发展历史上，中华民族之所以能够传承至今，正是因为中国传统文化的久远博大，使其成为中华民族的重要凝聚力，确保中华民族生生不息、日新月异，甚至润泽全球。

自从人类从森林走向城市，我们就需要建立起一套有效的生存秩序，以维护社会的发展进步。承载这一需求的文化，则能够影响人类的交往行为和交往方式，更能够影响人们的实践活动、认知活动和思维方式，在约束人类生活习惯的同时，让人们在协作中创造出非凡的成就。

当然，文化并非一成不变的，随着科学技术、生产关系的革新，新的文化不断产生，落后的文化不断去除，而在去粗取精的发展中，人类社会也将持续进化，进而迎来崭新的未来。

02
企业文化是企业的灵魂，无魂则不强

无论是人类社会的延续，还是国家、民族的繁荣，都离不开文化作为支撑。

文化是一切组织的灵魂，对企业而言也同样如此。当企业文化得到成员认可并共同遵循时，企业文化不仅能够引起全员共鸣、激发全员斗志，更能够推动个人目标与企业目标的共同实现。

企业文化就是企业领导者关于想要办成怎样一家企业的宣言，这对外是一面旗帜，对内则是一种向心力。事实上，在企业的存续与发展中，真正有价值且能流传下去的，不是企业产品，而是企业文化。没有企业文化的企业，且不谈有何传承，它们甚至不可能变得强大。

1. 企业文化源自创始人文化

如果我们仍然难以理解企业文化作为企业灵魂的重要性，那不妨先从企业文化的起源来理解。这里的"起源",并非企业文化这一概念的发展起源,而是每个企业自身文化的来源。

在企业创立之初,创始人的愿景、使命、价值观及其性格、行为逻辑等各种要素,共同构成了企业文化的"种子"。

简单而言,如果创始人喜欢脚踏实地,那企业成员也会踏实干活,最终催生出"稳健发展"的企业文化;如果创始人喜欢忽悠吹牛,那企业成员自然满嘴跑火车,最终催生出"光说不练"的企业文化。其原因简单,任何与创始人频率不一致的员工,都会慢慢被创始人的"气场"所感染,他们要么被"改造",要么选择离职。

在企业文化的语境下,企业内并没有"异类"的生存土壤。因此,我们只需看看企业创始人和老员工的状态,就能大致判断企业的状态。在那些没有灵魂的企业中,我们能看到的也只有庸碌、消极的员工。

2. 企业文化创始人和员工共同的精神体现

创始人文化是企业文化的种子,企业文化则是企业发展的种子,它不但决定了企业的根基命脉,更决定了企业的发展格局。因为在企业文化的筛选下,只有拥有共同精神的人们才会聚集在一个企业当中,并不断强化和传承这一企业文化。

正如任正非在华为《致新员工书》中所说:"物质资源终会枯竭,唯有文化才能生生不息。一个高新技术企业,不能没有文化,只有文化才能支撑企业持续发展……"

企业文化是创始人和员工共同的精神体现,它不仅体现了创始人做人做事的价值观标准,也是员工行为规范的准绳。具体而言,企业文化可以用四句话来表达,如图1-1所示。

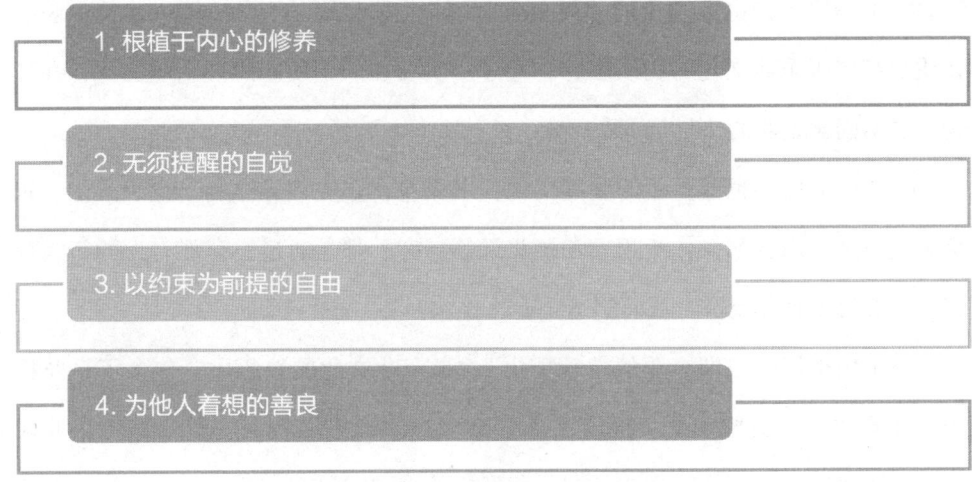

图 1-1　企业文化的四个内涵

3. 企业文化是企业崇尚并践行的思想和文化的总和

企业文化是一个企业崇尚并践行的思想和文化的总和，它通过企业产品和服务传递给消费者、合作伙伴和社会大众。从这个角度来看，企业的一切最终都归属于企业文化，因此，我们可以构建起一个以企业文化为核心的圈层，如图 1-2 所示。

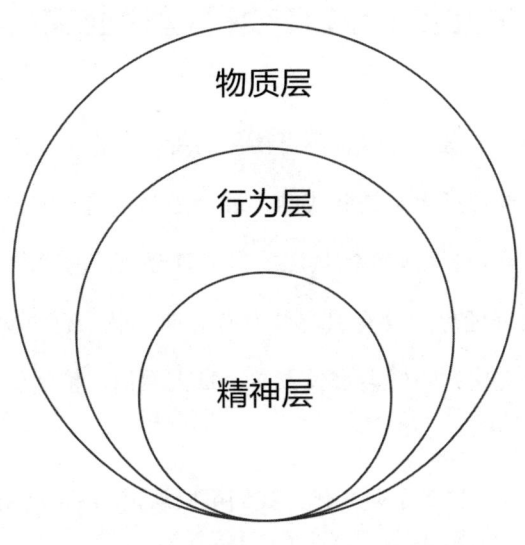

图 1-2　企业文化的三个圈层

（1）物质层，也即企业的"硬文化"，如企业产品、生产环境、建筑容貌等物质，都属于企业文化的物质层，它通过实实在在的物质来展现企业文化，并从物质层面固化企业的文化氛围。

（2）行为层，也即企业的制度文化，主要包含企业领导体制、组织架构、规章制度三个方面，如操作流程、考核奖惩等制度，都是通过一套强有力的行为规范来影响每个企业成员，从而塑造企业文化。

（3）精神层，也即企业的"软文化"，是企业文化的核心层，包含了企业精神、经营哲学、道德观念、价值观念等诸多意识形态内容，一般浓缩为企业使命、愿景和价值观。这是企业长期运营形成的精神成果和文化观念，对每个企业成员乃至物质层、行为层的内容产生潜移默化的影响，但同样会因社会文化、意识形态、时代变革等因素而调整。

03
企业为什么必须打造企业文化

由于文化内涵的丰富性，以及不可衡量的特征，很多企业将文化看作虚无缥缈的无用之谈。这种观点无疑是肤浅的，甚至是错误的。中华文明凭借中华民族传统文化，而创造了上下五千年的辉煌历史，时至今日仍然发挥着重要作用。

一个人如果没有理想、没有追求、没有方向，就会浑浑噩噩，如行尸走肉。如果企业没有企业文化，同样会丧失方向，每天看似忙忙碌碌，但却无法真正创造价值。

关于企业为什么要打造企业文化，我们可以从道和术两个层面来理解。

1. 道：思想统一、上下同欲

从企业发展战略来看，真正让企业凝聚起来的，不是企业的产品或服务；真正让企业强大起来的，不是企业的规模和资源。只有文化，才能在赢得企业成员认可之后，形成一种牢固的价值观和信念，将企业成员凝聚在一起，让企业创造出巨大价值，并形成竞争优势。

对企业而言，企业文化的核心价值就在于：明确企业为何创办这一核心问题，即企业的存在理由、发展方向、价值意义。只有基于这一问题的明确解答，企业才能寻找、吸引、感召到志向相同的人才，并将人才凝聚起来，共同作出一番事业。

任何企业想要发展壮大，都需要构建自己的企业文化，这并不因企业规模、经营时间而有任何区别。

任正非则在创立华为之初，就制定了《华为基本法》，确立了华为的企业文化。时至今日，华为已经成为全球顶尖的企业。

其实，简单一句"思想统一，上下同欲"，就已经揭示了企业文化的重要性，它是企业业绩倍增、自行运转的重要驱动力。若没有企业文化作为企业的黏合剂，企业就不得不投入大量成本用于内部治理，但仍然难以将企业成员拧成一股绳。

人在一起，那只是一个团伙，只有当心在一起时，才是一支有战斗力的团队。因此，打造企业文化的核心目的，就是让企业成员达到同心同德、言行一致的境界。

2. 术：一半物质，一半精神

从市场竞争来看，在个性化消费崛起的当下，消费者的物质需求都已经得到极大满足，在日趋激烈的同质化竞争下，任何产品都已经很难单纯凭借产品本身赢得市场优势。此时，产品蕴含的品牌价值则成为产品竞争的重要基石，更能为产品带来更大的溢价空间,而品牌价值的核心内涵则源自企业文化。

如果企业能够为品牌注入高品位的文化内涵,我们就能带着独特的文化色彩参与到市场竞争当中,在满足消费者物质需求的同时,引起消费者的文化联想,产生激发情感、震撼心灵的作用,为品牌平添几分魅力。

如苹果、宝马等品牌都是如此。所谓"名牌的一半是物质,另一半是精神",若没有理念、精神、文化作为指导,企业就不可能塑造出独特的品牌形象。

不仅是对外的市场竞争,在对内的运营管理中,企业文化同样能够帮助企业解决各种问题,如图1-3所示。

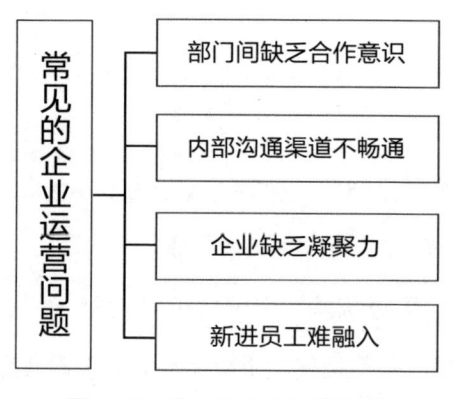

图1-3 常见的企业运营问题

(1)部门间缺乏合作意识。在当今市场竞争环境下,企业必须以消费者需求为核心,合力为其提供解决方案,但很多企业的部门间却缺乏合作意识,甚至各部门陷入本位主义,造成大量内耗。

(2)内部沟通渠道不畅通。企业内部各部门、各成员间的通力协作,需要有效的沟通交流机制,但很多企业的内部沟通渠道却不畅通,内部工作关系紧张,甚至因此导致人员频繁流动。

(3)企业缺乏凝聚力。更进一步来看,在部门壁垒和沟通不畅的影响下,企业必然难以形成凝聚力,各项工作的推进较为缓慢,流程十分漫长,企业的运营效率也受到较大影响。

（4）新进员工难融入。在这样的企业氛围下，新进员工也很难融入组织，形成认同，甚至对企业产生反感，因而消极工作乃至直接离开。

以上问题产生的根源，其实都在于企业文化的缺失。如果将企业比作一棵参天大树，那企业文化就是这棵大树的核心脉络，企业价值观构成了树根，愿景和使命则成为树干，共同将业务、员工等枝叶紧密联系在一起。

04
企业文化的价值与作用

当今时代的企业竞争，不再是单纯的产品、规模竞争，而是一种深层次、高水平、智慧型的竞争，企业文化则作为企业的精华和灵魂，成为联系企业内外的重要力量，在渗透企业运营全流程、驱动企业全员共奋斗的同时，透过品牌的文化来赢得消费者、合作伙伴和社会大众的认可。

1. 企业文化的价值

企业文化的价值主要体现在五个方面，如图1-4所示。

（1）激发使命感。每一个企业都有自身的责任和使命，企业使命感就是企业发展前进的方向，也是全体成员工作的目标，企业文化则能激发企业成员的使命感，使其自发推动企业使命的实现。

（2）凝聚归属感。每个企业成员的背景都各不相同，但当他们聚集在一家企业当中，就应当共同追逐同一个梦想，企业文化则能通过企业价值观的提炼和传播，凝聚企业成员的归属感。

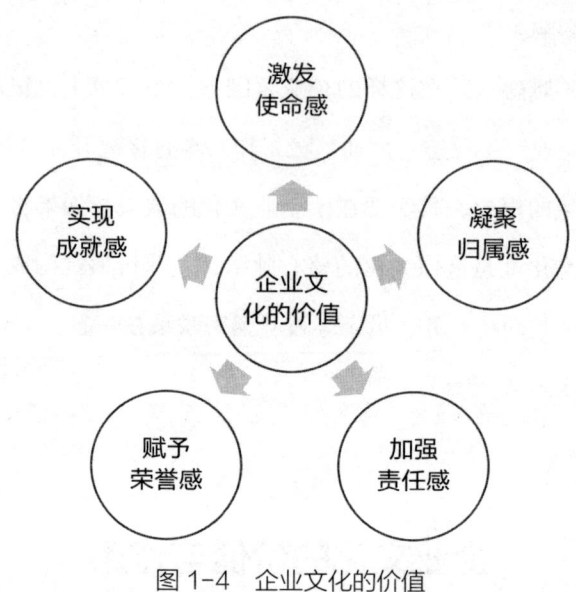

图 1-4　企业文化的价值

（3）加强责任感。企业的发展前进离不开每一个企业成员的价值创造，任何一个环节的疏漏都可能对企业造成重大损失，而在企业文化的熏陶下，企业成员则能够形成责任意识、危机意识和团队意识。

（4）赋予荣誉感。企业文化同样能够赋予优秀员工荣誉感，无论身处哪个岗位，只要员工在自己的工作领域做出更多贡献或成绩，就能得到企业授予的荣誉，这是比薪资激励更加有效的激励方案。

（5）实现成就感。人的终极目标就是自我实现，而在当下，企业则是人们自我实现的重要载体，企业文化则能够将个体的自我实现与企业的成就创造相统一，使企业成员能够在企业的繁荣昌盛下真正实现自我价值。

2. 企业文化的作用

企业文化的作用主要体现在五个方面，如图 1-5 所示。

（1）导向作用。文化本身就具有潜移默化的影响力，企业文化包含的企业核心价值观与企业精神，则能发挥无形的导向作用，为企业和员工提供方向和方法，并引导员工自发地遵循企业文化不断前进，从而将企业愿景与个人意愿相统一，推动企业的发展壮大。

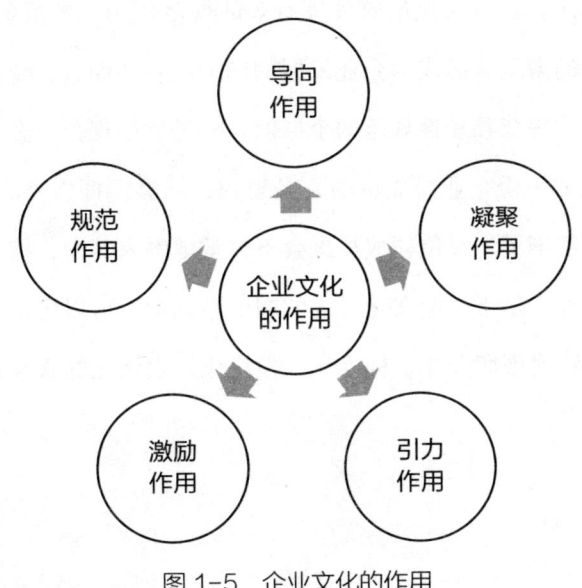

图1-5 企业文化的作用

（2）凝聚作用。企业的一个重要成本支出就是沟通成本，内耗则是企业利润的最大杀手。企业文化则能发挥凝聚作用，将企业成员紧紧团结在一起，形成强大的向心力，在统一思想、统一认知、统一语言、统一行动的过程中，使企业成员万众一心、步调一致。

（3）引力作用。优秀的企业文化，不仅能够对内形成凝聚力，同样能够对外发挥吸引力。尤其是对合作伙伴而言，优秀的企业文化也将汇聚成为企业的品牌价值，帮助企业赢得消费者、供应商及优秀人才的认可。

（4）激励作用。企业文化构筑的文化氛围和价值导向，是一种强大的激励力量，能够激发企业成员的积极性、主动性和创造力，促使企业成员挖掘自身潜力，实现自身能力的全面提升，并进一步增强企业的整体执行力。

在激励作用的有效发挥下，企业的管理与激励也将进入更高的境界。一是更高的管理境界——自我管理，领导在不在，工作都一样积极；二是更高的激励境界——自我激励，从"要我干"到"我要干"。

（5）规范作用。企业文化能够发挥有效的规范作用，规范企业成员的行为，使每位企业成员的力量都能成为企业发展的助力。具体而言，企业文化的规范作用主要体现在软性规范和硬性规范两个层面。一是软性规范。融入企业成员内心的企业文化，就如一份企业与成员的心灵契约，能够发挥强大的心理约束力量；而在相应的文化氛围下，每位新成员也会不自觉地融入其中，接受企业文化的规范。二是硬性规范。基于企业文化形成的制度性框架，可以更加有效地规范企业成员行为，并最终实现职业化、标准化、模块化、表格化的管理目标，使企业发展有序推进。

05
华为的企业文化

作为华为最重要的团队精神之一，华为的企业文化其实可以用这样几个词语来概括：学习、创新、获益和团结。

学习和创新是每匹独狼都需要具备的敏锐嗅觉，获益是一种进攻精神，却需要团结带来的狼群奋斗作为支撑。

华为的企业文化给人们带来真切的感受，也成为华为发展壮大的支撑，而不再是浮于纸面的"假大空"，正是因为华为真正将企业文化的作用发挥到了极致：将创始人基因融入了企业血脉，用愿景驱动战略、用价值观驱动管理。

1. 创始人基因

任何企业的企业文化，都必然具有创始人基因。这是创始人这一特殊角色所带来的必然影响，除非企业经历了足够长远的发展，创始人基因才可能被不断消解。

任正非创建了生生不息的华为文化，更是将企业文化抬到了相当高的地位，正如其所说："资源是会枯竭的，唯有文化才能生生不息。"在对国内企业进行评价时，任正非更是坦言："我认为内地的企业不景气，不仅仅是一个机制问题，关键是企业文化。能否把我们华为的文化推到内地去，救活中国内地的企业。当然有机制和管理方面、资金方面的问题，但也有一个企业文化问题，内地许多企业就没有企业文化。"

观其成长，任正非虽出生于贵州安顺的贫困山区，但其父亲却是一位对知识颇为重视的乡村中学教师，对任正非的学习十分看重。知识分子的家庭背景是任正非一生的第一个决定性因素；而大学毕业入伍，则让任正非对党的文化有了更深的理解；在法国德布尼斯·斯贝西姆公司的辽阳工地上，任正非作为基建工程兵也接受了外国企业管理文化熏陶。

种种经历使得任正非能够很好地将党的最低纲领分解为可操作的标准，并以此作为企业文化的基石。在号召员工向雷锋、焦裕禄学习的同时，任正非又强调绝不让"雷锋"吃亏的原则，坚持以物质文明来培育"雷锋"成长的政策。

2. 愿景驱动战略

企业的发展过程，可以简单地理解为战略的制定与执行过程。但很多企业的战略指标却只有一个，那就是增长，他们只在乎下一年度或下一季度的利润增长，再多也不过是未来3到5年的利润增长，这就是增长驱动战略。

华为采取的却是愿景驱动战略。以企业文化中的愿景作为战略核心，即：实现顾客的梦想，成为世界级领先企业；在开放合作的基础上独立自主和创造性地发展世界领先的核心技术和产品；以产业报国、振兴民族通信工业为己任。

华为深刻认识到：强大的国家是强大企业的沃土，企业必须依靠国家作为后盾；相对地，国家如果没有强大的国际领先企业作为支撑，其世界经济地位也就失去了基础，在政治上的地位也会受到影响。正是因此，华为始终坚持独立自主、自力更生地发展领先的核心技术体系和产品系列。

3. 价值观驱动管理

战略是一个大目标，愿景则是一个大梦想，但在要实现战略或愿景，企业却要落实到日常的各种运营管理，否则，所谓战略或愿景，都不过只是空谈而已。

然而，如果只是借助各种管理手段，用逐级施压的方式进行管理，那企业同样会面临一个问题——如何激励企业成员？如果只是用绩效与薪资来驱动管理，那就意味着这是一个由上而下的管理过程，即使管理层能够始终具备前瞻性、正确性的目光，企业也要付出极大的薪资成本来激励成员不断前行。

价值观驱动管理则不同，当企业所有成员的价值观得到统一，这就形成了一种重要的内在驱动力，企业成员将自觉自发地朝着企业愿景前行，并积极主动、灵活应变地为愿景实现创造价值，在此过程中，企业成员的个人价值也将得到实现。

华为则基于其独特的企业文化，采用了价值观驱动管理的方式，始终坚持尊重个性、集体奋斗的价值观。

正是因此，在创业初期，几乎每个华为人都备有一张床垫，这张床垫被卷放在员工的储存铁柜底层或办公桌下，外人很难从整齐的办公环境中发现这个细节，但当午休时，华为人就会席地而卧、稍事休息，当加班到夜深人静时，很多华为人也不会回到宿舍，而是继续在这张床垫上休息。

可以说，一张床垫就是华为人的半个家，他们在这里累了睡、睡醒了继续干，终于在长达8年的艰苦创业中，使华为达到世界领先的地位，成为中国经济地位甚至政治地位的重要基础。

绩效管理方式必然具有滞后性，企业只能对未来进行预测，并制订相应的绩效管理方案，但这就可能导致企业难以灵活应对各种预期外的市场变化，如重大危机或重要机遇。

这就是价值观驱动管理与流程驱动管理的区别。华为深知，只有将价值观融入每个企业成员心中，企业才能有序推进，而非在流程的框架中打转。

正是因此，作为华为企业文化的凝练成果——《华为基本法》也成为无数企业管理者的必备读物，这也是中国第一步总结企业战略、价值观和经营管理原则的"宪法"，是一家企业各项工作的纲领性文件，是其制定各项管理制度的核心依据，具有极为重要的示范意义。

06
三度苏东胜的"声音"

苏东胜是三度集团总部管理中心的运营总监。他喜欢打球、阅读、骑行，虽然只有中专学历，但却特别喜欢钻研组织管理领域知识。

自从 2015 年 7 月 2 日加入三度以来，苏东胜已经工作 5 年有余，目前负责协助总部管理中心日常管理工作及授课，同时也涉及客户的机制、组织管理等问题的咨询。大家亲切地称其为"苏苏老师"。

在进入三度之前，苏东胜就已经在上海待了 7 年。在这 7 年里，他经历过很多，从事过很多工作。2015 年，当苏东胜在一家旅游公司工作时，他开始疑惑：我这辈子到底要做什么？我人生的方向到底在哪里？

苏东胜想过创业，但他一没有钱、二没有资源。他的父母则想让他回老家找份安稳的工作，但苏东胜很清楚，老家没有他可以施展抱负的地方，他必须留在上海！在频繁的面试与等待中，终于，他来到了三度。

当时，苏东胜还没认定三度是一生的选择，也还没想清楚人生的方向，他之所以选择三度，仅仅是因为他面试时感受到这家公司的活力。他回忆说："当时与他聊天的每一个人眼里都有光。"他能感受到三度员工心中的力量，三度员工都清楚知道自己为什么而努力。所以，苏东胜决定试一下——即使当时的工资很低，但三度团队的氛围以及大家的热情与活力吸引了苏东胜。苏东胜相信，在这样的团队中一定有未来！

在三度的这5年多的时间，苏东胜做了销售、会务、管理，在持续的学习以及三度的关注和培养中，苏东胜一步步成长为现在的"苏苏老师"。

如今，苏东胜对自己的三度生活进行了总结，他认为三度给他最重要的有三样东西：

第一个是环境，一个积极正向的环境。环境对人的影响很大，到书店人自然会变得安静，到寺庙人会产生敬畏之心，到夜店人又会变得躁动，到一个整天抱怨、沉闷无趣的公司，人们想变得积极阳光都很难。因此，环境对于一个人的成长来说是非常重要的，而三度通过大家的共同努力创造出积极正向的环境。

第二个是成长，在三度有两种成长。一种是被动成长，公司会组织各种培训，如读书会、分享会、训练营、上台演讲等形式，以此推动员工成长，并给员工上升的机会，而员工在面对这种机会时第一件事就是迅速让自己成长起来，只有自己成长起来才能把握住机会。苏东胜刚从会务运营转到总部管理岗位时就是这样，那时他每周至少读两本书，看十几个案例，慢慢地才有了一些底气，能得心应手地处理各项事务。第二种是主动成长，在三度的团队氛围下，员工都很自觉地养成学习习惯。苏东胜感觉到一天没有学习，就好像没有吃饭一样，他发现学习是一件无比幸福和快乐的事。

第三个是温暖的感觉。像苏东胜这样在外漂泊打拼的人，最缺的就是这种温暖。公司会组织生日会，还会赠送周年礼物，伙伴们之间称呼亲切，经常会交换美食、一起团建、一起拼搏。当某个同事家里有事时，总会有队友站出来说"你去吧，剩下的交给我"，大家总会主动询问是否需要帮忙……正是这样的很多瞬间让苏东胜感到温暖。

苏东胜总是会想：像他这样无背景、无学历的人，他只有一条路可以走，那就是努力奋斗。每个人都有自己的选择，如果选择当下的安逸，就要承受未来的生活可能无法掌控；如果选择拿起书本，选择拼搏事业，选择努力向上，那当下可能会比周围人过得累一点，但是多年以后你却可以成为生活的主人。

当你发现你比周围人更能够掌控自己的人生，你就会变得幸福！

但是，成功之路不会是一帆风顺的，坎坷是必然的，选择一条路就要坚持走到底。如果这条路的风景不够美好，我们就是美丽风景的缔造者！

这就是来自苏东胜的"声音"。

WENHUA FUNENG
文化赋能

第二章

三观要正：世界观、人生观、价值观

无论是个人事业还是企业发展，其实都是一个不断选择的过程，企业和员工作出的一切决定，共同构成了企业前进中的每一个脚步。价值观事实上就是解决"企业怎么做"的问题，这也是企业实现使命和愿景的前提。企业文化要落地，首先就要从价值观着手，要端正企业及全体成员的三观，从而形成一种自觉自发的内在驱动力。

01
人才是被梦想感召的，不是高薪挖来的

"21世纪的竞争是人才的竞争"，这句话早已深深印刻在无数企业家的脑海中，但企业究竟如何吸引人才？是否如许多企业家想的那样，谁能开出更高的薪酬，谁就能吸引更多的人才呢？

如果仅靠高薪就能挖来人才，那市场竞争必然陷入强者恒强的局面，因为强大的企业才有能力开出更高的薪酬。但现实却是，自20世纪90年代以来，我们见过太多行业的搅局者、市场竞争的黑马，他们没有资金或其他资源，却能在企业创立之初，就吸引来杰出的人才，正是因为他们——有梦想。

1. 高薪挖来的也会被高薪挖走

薪酬当然是企业吸引人才的重要手段，但当企业希望用高薪挖来人才时，却总是容易面临高薪人才不高值、工作不久被挖走的尴尬。

出现这样的局面其实很好理解。如果高薪是人才市场上的唯一考量因素，那人才就会通过各种手段虚增自身价值，比如夸大工作业绩、伪造项目经历等。与之相对地，即使人才确有能力，但当他们稍有成绩并引起其他企业兴趣时，他们也会迅速因为一份更高新的offer（录取通知）而跳槽。毕竟，跳槽才是涨薪的更优方法。

既然如此，为何还有如此多的企业抱着"高薪挖人才"的想法呢？这是因为，企业没有更好地吸引人才的手段，而高薪挖人才却足够简单与直接。当企业都以此竞争人才市场时，必然会导致劳动力价格的持续推高，而企业却无法因此获取更大价值，甚至陷入人才流失、高薪挖人、人才再流失的恶性循环。

2. 适合企业的才是人才

华为招聘新人的首要原则就是"合适的才是最好的"。只有适合企业的人,才是真正的人才,否则,再顶尖的人才也无法为企业带来价值,反而会损害劳资双方利益。

在衡量"合适"这一指标时,最重要的就是人才的梦想是否与企业相匹配。认可企业梦想的人才,即使自身能力有所缺陷,也会主动提升并为企业创造更大价值;而志不同的劳资双方自然也会道不合。

2017年1月,陆奇加入百度,成为仅次于李彦宏的二号人物,在短短的一年间,陆奇通过大刀阔斧的改革,带领百度坚决地向人工智能的梦想前行,百度股价更因此涨幅超过60%。但在2018年5月,与百度基金不合的陆奇终究选择了离职,而随着这一消息的公布,百度股价应声大跌14%,在短短两个交易日里市值蒸发近900亿元,至今仍然在低位徘徊。

当企业对高薪挖来的人才抱以厚望时,却总是在后期合作中发现各种各样的问题:人才不能创造企业预期的价值,人才的梦想与企业基因不符,或只是盯着股价、预算作运营,唯恐冒险损害自身价值;企业现有员工也会因此备受打击,他们的努力似乎永远比不上外部的所谓人才。事实上,无论是吸引人才、留住人才,还是培养人才,关键都并非薪酬,而是梦想。

3. 梦想的感召力更强大

需要承认的是,薪酬是吸引人才的重要因素,即使企业有再高远的梦想,能匹配再多的人才,但如果给不出一个合适的薪酬,人才也很少会被吸引。但在同等甚至较低薪酬水平下,梦想却具有更强大的感召力。

在梦想的感召下,一位价值年薪百万元的人才,可能会拒绝其他企业年薪

120万元的 offer，而接受一份年薪 100 万元甚至 80 万元的 offer。

其实，节约人力成本只是梦想感召的浅层作用，更重要的是，因梦想而来的人才，将充分发挥自身的主观能动性，为企业解决更多问题、创造更多价值，从而推动梦想的实现。这才是梦想感召力的核心作用。

很多企业，尤其是初创企业，即使企业开出相当高的薪酬，但那些只为薪酬而来的人才，通常也更懂得"知难而退"，因为解决太多难题的付出可能高于回报，而一旦他们无法解决难题或造成损失，这还可能损害自身价值，此时，他们则会选择尽快寻找下一份高薪酬的 offer。

4. 梦想的感召力更持久

从人才市场的角度来看，企业必须保持相当的薪酬增长，才能留住人才，否则，他们就会被其他企业用高薪挖走。但从梦想感召的角度来看，企业只需持续地接近梦想实现，就能够留住那些因梦想而来的人才。

梦想具有更加持久的感召力，能够帮助企业留住人才，也能够帮助企业培养人才。

一位完美无缺的人才，必然需要更高的薪酬。然而，企业对人才的要求却不是一步到位的，更何况，每个人其实都具有极强的成长型。关键就在于，企业能够发现潜力并给予培养。

针对充满激情但不够成熟的企业成员，企业可以给予更多的锤炼，帮助他们成长。而在这样的培养过程中，人才也将更加融入企业，当人才的个人梦想与企业梦想统一，他们会为了这一共同的梦想而努力前行。

即使到企业与人才终有别离的一天，如人才进步与企业发展速度不匹配时，双方也可以好聚好散、保持认同，并在未来的某一天继续互助——只要双方梦想还未改变。

5. 创始人是梦想感召的重要载体

孔子说："其身正，不令而行。其身不正，虽令不从。"当领导者品行端正时，即使没有命令，员工也会主动前行；但如果领导者持身不正，那即使有命令，员工也不会遵行。

创始人是企业文化的来源，也是梦想感召的重要载体。企业想要保持梦想的感召力，并以此吸引人才、留住人才、培养人才，都需要创始人发挥榜样的作用，用自身行动来印证企业描绘的梦想。

在"望梅止渴"的典故中，曹操用虚构的梅子林激励口渴的士兵继续进军，并最终找到了水源、安抚了士兵。这一结局当然是好的，但这一成语现在被用来形容"用空想来安慰自己"，正是因为"梅子林"是虚构的，虽然曹操军队最终找到了水源，但士兵也只会相信这一次，再没有下一次。

企业用梦想来感召人才同样如此。即使企业描绘出一个足够诱人的梦想，但如果创始人没有以身作则，梦想始终只在口号里，却不见一点实现的可能，那人才也必然会选择离开，企业梦想也再难吸引到任何人才。

02
伟大的梦想才能诞生伟大的力量

2010年，当季琦带着汉庭登录纳斯达克时，这已经是他5年内第三次去纳斯达克敲钟，此时，他最初创办的携程市值已经翻了20倍，而2006年上市的如家市值则翻了3倍。

如果这已经能够被称作"传奇"，我们还应了解更加令人惊叹的事实：1999年创办的携程正处于互联网泡沫破裂的前夕，2003年创办的如家身处"非典"期间，2007年创办的汉庭则即将面对金融危机。但这三家企业无一例外地度过了这些重大考验，时至今日仍然在业内占据重要地位。

危机是对企业的一场检验，在这样的检验过程中，同行与竞争者可能被削弱，而那些拥有伟大梦想的企业却能诞生出伟大的力量，在风暴中迎来更大机遇、变得更加强大，而非被暴风雨摧毁。

不仅是企业，每个个体的力量其实都源自梦想，也正是在这种力量的汇聚下，企业才能迸发出勃勃生机。

在如家创办的第二年，董事会就开始寻找职业经理人进入如家，而作为创始人的季琦则被董事会抛弃。当时，一个董事直接评价道：季琦是草根出身，管不好公司，公司现在要找一位受过西方教育的职业经理人。

这样的遭遇对每一个创始人而言都无异于一次迎头痛击，季琦当时甚至开始怀疑活着的意义，尤其是当过去紧密的伙伴纷纷离去，季琦更是感到自己的人生被彻底否定，他的所有梦想都被野蛮地破坏，一切都毫无道理可言。

无论企业或个人，都必然要面临各种各样的挑战与打击，而梦想的力量正是在这样的困境中诞生。

正如季琦自己所说，在莫扎特第三十一号交响曲的旋律中，季琦感受到了一种奇妙的平衡感，感受到了世界的丰富与梦想的纯净。于是，季琦下定决心再做一个超越过往的公司——汉庭由此而生。

然而，金融危机的爆发，却让汉庭原本谈好的第二轮融资在签约后戛然而止，季琦再次陷入了"至暗时刻"，而此时的他，则毅然决定抛售手中的如家股票，自行追加对汉庭的投资，最终，由汉庭、全季、桔子水晶等多品牌构成的华住集团于2018年成为全球第四大市值酒店集团。

在总结自己的创业生涯时，季琦提到一个关键原因就是专一。正是因为对梦想的专一，季琦不投机、不追风口、也不搞多元化，始终专注在自己的领域和细分市场,力争将酒店事业作到极致。在谈及个人人生目标时,季琦的想法是:"要和伙伴们一起,把汉庭做成全球最大最好的酒店集团。也就是要实现'一群志同道合的朋友,一起快乐地成就一番伟大的事业'的理想。"

1."伟大公司因职业经理人平庸"

"无论公司多伟大,落到职业经理人手里,一定会走向平庸,这是人类商业史规律。"罗振宇的这句话虽然有失偏颇,但却揭示了企业发展的一个真相。

长期以来,很多企业都对职业经理人寄予厚望,尤其是当企业发展到一定规模,或面临某些问题时,都希望通过高薪挖来职业经理人,借助他们的专业性来推动企业发展、解决企业问题,帮助企业踏上新的台阶。

很多企业在发展壮大之后都会引入职业经理人进行企业管理,但此时,某些职业经理人的做法却让创始人感到心寒。在上任之后,这些职业经理人会抹杀创始人的所有贡献,放大企业的内部问题,并将之归咎于创始人或前任经理人;有些职业经理人甚至会试图绑架企业,只顾谋取短期利益为自己的职业生涯镀金。

虽然很多职业经理人确实具备解决问题的能力,但长期来看,职业经理人却可能将一家伟大的企业带入平庸。之所以如此,正是因为很多职业经理人缺乏伟大的梦想,他们的眼中是 KPI 和数据,他们喜欢漂亮的增长曲线和图文并茂的 PPT,但却很少会关注长远的战略。坦白地说,很多职业经理人缺乏足够的大局观,他们需要董事会指明方向,如果没有一个方向作为指引,职业经理人却可能陷入混乱状态。

正是因此,职业经理人同样容易扼杀创新。因为任何一个创新产品在其发展早期,都很难呈现出一条"漂亮的增长曲线",其长远价值及发展潜力也无法通过短期表现来衡量。而职业经理人则大多厌恶这样的不确定性。因此,即使是在推进创新项目时,职业经理人也可能因为过于追求短期成绩,而在揠苗助长中毁掉有潜力的产品。

事实上，在如家踢开创始人、选择职业经理人之后，如家的发展一直乏善可陈，最终不得不从美股黯然退市，而在并入首旅酒店回归 A 股后，首旅酒店如今的市值不过 198 亿元；与之相对地，季琦再次出发打造的汉庭乃至华住集团，如今的市值却已逼近千亿元。

2. 梦想是维系企业的最强力量

商业连锁是很多企业做大做强的重要模式，但在这种连锁扩张中，分布在不同位置的连锁企业，拥有不同家庭、教育、性格背景的员工，这些都对企业管理造成了极大的挑战。这是季琦与他的连锁酒店必须解决的问题，也是很多企业规模增长后必然面临的难题。

如何维系组织并持续扩张？如何黏住所有员工、客户以及合作伙伴？其关键就在于一个伟大的梦想。

当我们谈及伟大的梦想时，很多人感到过于崇高。但其实，每个人的心里都渴望某种崇高和伟大，那些所谓热血潜藏在每个人的心底，我们都渴望找到能够为之付出一生的使命。平凡的生命只有融入到伟大的梦想里，才能找到意义，才能找到同伴；否则，庸碌的一生只会让人感到疲乏与无趣、孤独与虚无。

价值观的阐述与表达对企业存续、传承至关重要。在华住集团内，季琦将企业的价值观定义为"求真、至善、尽美"，愿景是"成为世界级的伟大企业"，使命是"成就美好生活"。

梦想是维系企业的最强力量，但要发挥梦想的力量，却绝非简单地说说而已。在谈及企业文化或价值观建设时，很多企业都将之简化为喊口号，比如"今天工作不努力，明天努力找工作""争做一流员工，共创一流产品，同创一流企业"。正是这些千篇一律的口号，被企业视作企业文化建设的法宝，但效果如何呢？

企业要用梦想将企业内的每个成员连接在一起，就必须让梦想真正得到每一位组织成员的认可。如此一来,梦想就能融入企业成员的内心,成为一种源自内心的"指令",为个人成长、企业发展带来巨大的推动力量。

在确定梦想时,创始人或管理者一定要经过深思熟虑,让梦想符合企业发展实际,并赢得员工的心理认可,为企业成员带来思想和行动上的统一方向。只有如此,每当呼喊口号时,企业成员才能从内心感受到鼓舞力量,并推动企业实现最终目标。

3. 伟大的力量源自伟大的梦想

有句话说:"梦想还是要有的,万一实现了呢!"但我们对此却要更进一步,企业及创始人不仅要有梦想,更要有伟大的梦想——因为,只有伟大的梦想才能诞生伟大的力量。

很多企业只有一个关于高效赚钱的梦想,眼中只有风口或机遇,一心成为"风口上的猪",坐等被风吹上天,如果风不来或雨过大,这些企业又会快速放弃。缺乏坚持的投机经营,自然不会为这些企业带来力量,这些企业的发展也将极不稳定。

在每个风口到来时,我们都能看到行业内突然涌现出来的众多"初心者",似乎他们早已坚守多年,终于守得云开见月明。然而,这些所谓"初心者"其实不过是些只想赚钱的投机者,他们最终必将被风口高高吹起,重重抛下,成为行业洗牌中的废牌。

我们想要建立伟大的企业,就必然需要形成伟大的梦想,并从中汲取源源不断的伟大力量。"伟大梦想不是等得来、喊得来的,而是拼出来、干出来的。"在中国经济的持续发展中,每一位企业家都应当有一个伟大的梦想,在企业发展、员工致富、造福社会的过程中,实现中华民族的伟大复兴。

03
万物是心灵的映射，事业是梦想的映射

生命本身只是一个过程，在这个过程中，我们作为生命的本体其实并没有意义，我们的意义总是由客体来定义，如金钱、房产、地位、荣誉等。对我们自身而言，生命只是一种经历和体验。

在经历和体验的过程中，我们因为自己的想法或梦想作出了某些选择，这些选择则引来了诸事、万物，而这一过程通常被称为事业。

万物是心灵的映射，事业是梦想的映射。这一理念看似形而上，但却揭示了生命演变的原动力：一个人的命运并非由外在的事物决定，而是由我们自己的心态决定。

据美国著名的精神科医师、哲学博士大卫・R. 霍金斯博士（DavidR. Hawkins, M.D,Ph.D）研究，人类不同的意识层次都有其对应的能量指数，如图 2-1 所示。

图 2-1 中，能量层级的频率值由 1 到 1000 不等，其含义也有所区别。一般认为，当我们的能量级降到 200 以下时，我们的能量就会逐渐流逝，变得更加脆弱，且容易被环境控制。我们无时无刻不在发射能量，而在能量吸引力法则下，世界也正在给我们相应的回馈。增强我们自己的能量级，至关重要。

当我们还是一个天真烂漫的孩童时，我们看这个世界也是单纯明朗的，这个时候的能量级很高；但当我们经历过社会的摸爬滚打，我们看似对这个世界更加了解，但我们看到的世界也变得世故混沌，能量级就变得低了；等到我们思想超脱的那一天，我们看到的世界将会更加纯粹，此时，能量级又会提高很多；但在怀揣欲望和梦想的当下，我们则能看到到处是目标、处处有机会，心中有正念，能量级自然很高。

所谓"一念天堂、一念地狱",在我们的人生中,我们的念想决定了万物的模样,我们的梦想则呈现为事业的发展。

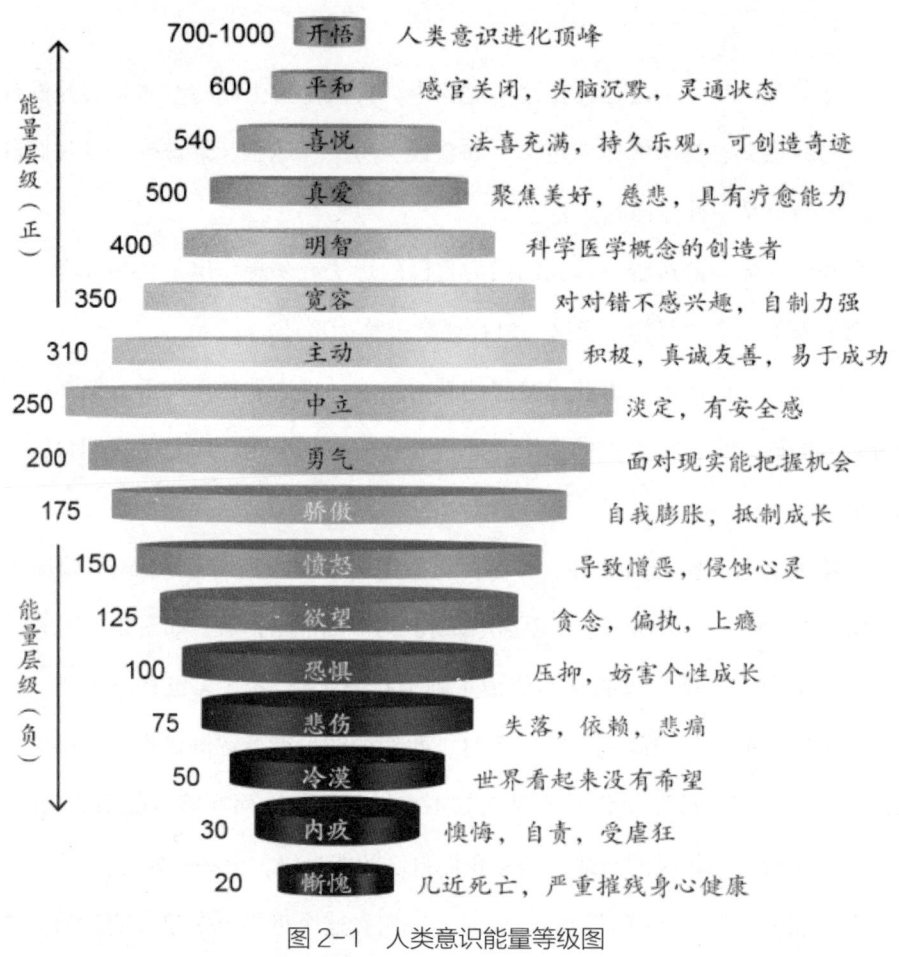

图2-1 人类意识能量等级图

1. 幸福是一切事物的终极目标

"发展以人为本,人以生命为本,生命以心灵为本,心灵以幸福为本。"企业的发展,其本质就在于人的发展,只有当企业所有成员实现幸福时,企业才可能实现自己的最大价值。否则,企业也不过是资金、机器与职场的堆砌而已。

在所有的管理理论当中,幸福其实都是终极的管理宗旨,也是终极的管理使命。创造幸福，既是创造管理者和员工的幸福，更是创造社会的幸福。

虽然"幸福"作为目标得到几乎所有人的认可，但在关于幸福的衡量尺度方面，不同的人有不同的衡量标准，而大多数人采用的都是"比较法"。

哈佛大学曾经作过这样一个问卷调查："如让你从下面两个物价一样的虚构世界里选一个居住，你会选哪个？第一个世界：你每年赚5万美元，而其他人每年平均赚2.5万美元。第二个世界：你每年赚10万美元，而其他人平均赚25万美元。"结果，大部分学生都选择了第一个。

即使第一个世界的收入只有第二个世界的一半，但学生们却更愿意选择第一个世界，正是因为在对比当中，第一个世界的收入是其他人的2倍，而第二个世界的收入却只有其他人的40%。

当我们对幸福没有准确的衡量方法时，这种对比造成的挫败感就可能损害我们的生活体验。比如，一个通过辛苦努力从小镇走到大城市的人，终于实现年薪30万元时，却发现某个年轻的同事刚靠他爸买了一辆100多万元的豪车。

万物是心灵的映射，而心灵的根本是对幸福的追求。因此，我们就必须保持这样几种心态，以有效应对生活中可能遇到的各种情况。

（1）得失随缘。人生有得必有失，所有东西其实都是一种等价交换。仅仅从财富角度来看，如果我们没有掌控财富的能力，那即使天降横财、彩票头奖，我们也无法守住财富；如果我们有坚守财富的心态，那我们即使只靠储蓄和定投也能获得不错的收益。

（2）知足常乐。只有知道满足的人，才能正视人生中遇到的万事万物。否则，在过度的欲望下，所有的获得都只会催生更多的不满足，这种心态或是催生贪欲，或是招惹祸患，终究会使人迷失在对更多欲望的追逐当中。

（3）难得糊涂。"人不可太尽，事不可太清。凡事太过，缘分必失。"人生中，有些事如果看得太真切，我们就没了前进的动力；有些人如果看得太透彻，我们也就不再期待。难得糊涂就是明白何时该较真，何时该糊涂，让自己活得更加简单舒服。

2. 梦想必然要在事业中实现

工作是人们获得收入的必然渠道，但在当下，越来越多的人却只是将工作看作工作，将梦想看作"梦"，事业则成为一个过时的词，很少再听人谈起。这是因为，很多人再难在工作中找到事业所蕴含的意义和价值。

心理学家马斯洛说过："人类最美丽的命运，最美妙的运气，就是做自己喜爱的事情同时获得报酬。"工作可以让员工获得报酬，但除此之外，工作对员工到底意味着什么呢？一般而言，员工对待工作的态度可以分为三种。

（1）工作就是工作。这种态度就是把工作看作一种任务，或是赚钱的手段。工作只是为了养家糊口不得不做的事情，他们不会期待在工作中实现自身价值，他们期待的只是发薪水和节假日。除此之外，工作对于他们而言就是一种不幸福。

（2）工作就是事业。当员工把工作看作事业时，员工追求的就不只是财富的积累，他们还会注重事业的发展，也是职位的提升、权力的增加和声望的提高。因此，他们会期待每一个升职和表现自己的机会。

（3）工作就是使命感。工作是自我实现的最佳渠道——当员工这样看待工作时，工作本身就是他们的目标，他们当然也关注薪水和机会。但是，他们之所以努力工作，是因为工作能够充实他们的生活，并帮助他们实现自我和谐，最终实现自我价值。因此，他们可以幸福地沉浸在工作当中。

这三种看法其实就对应着不同的梦想。有的人没有梦想，只想着平平淡淡地过完这一生，因此，他们只需要一份浑浑噩噩的糊口工作；有的人梦想财富自由，期待在他人的事业中完成自己的财富积累，并获取一定的社会地位；有的人则梦想实现自我价值，他们当然会全身心地投入到工作当中，真正创造一份属于自己梦想的事业。

04
做一家企业，是为了造福更多人

在我国经济的腾飞中，创新是必不可少的助力，也是企业制胜的必要手段，而谈及创新就离不开熊彼得的"五种创新"理论。

熊彼得认为，创新就是创建一种新的生产函数，也就是通过将生产要素和生产条件重新组合，为生产体系引入新的经济能力。在这种理论下，创新组合一般有五种情况，如图2-2所示。

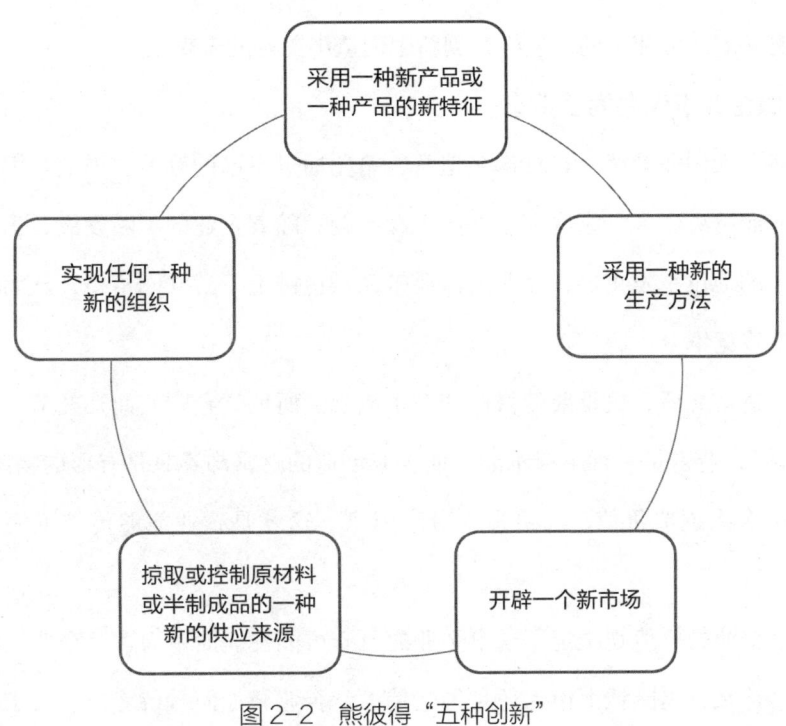

图2-2 熊彼得"五种创新"

在这一理论下，创新实现的载体就是企业，而以实现创新为基本职能的则是企业家。

其实，所谓经济发展并非简单的数量增长，在"循环流转"的均衡状态下，无论是企业还是国家大多都只能维持现状，而只有在通过创新实现质的飞跃之后，组织才可能刺激投资、繁荣经济。

在这一过程中，作为创新的主动力，企业家的目的就不仅是通过创新获取超额利润，更是在"创造的快乐"中为了造福更多人。

因此，在评价资本主义的典型成就时，熊彼得的观点是："并非在于为女王提供更多的丝袜，而在于能使丝袜的价格低到工厂女工都买得起的程度。"

同样是编织丝袜，观念不一样，意义就不一样，其中诞生的力量自然也不同。当企业以造福更多人为初心时，企业及全体成员在前行中就会更有力量，也会得到更多的认可和帮助，最终在创新中创造出美好的未来。

1. 做企业不仅是为了造富

大多数人创业的第一目标都是造富，希望通过自己的勤劳、勇敢与智慧创造财富，从而解决个人、家庭和企业的生存问题；随着企业的不断发展，当企业在供应链中的地位越发重要，企业又需要带动供应链上下游共同富裕，从而增强供应链的整体竞争力。

但在造富之后，更重要的目标却在于造福。所谓"仓廪实而知礼节，衣食足而知荣辱"，造富是一种生存本能，而企业创造的财富却不只是有形的物质财富，更是为更多人创造价值、与更多人分享财富，这才是企业能够传承下去的重要支柱。

一个企业的价值观决定了这个企业的所有可能性。简单而言，企业发展的目的究竟是什么，是圈钱上市，还是创造伟大？企业又如何看待客户、员工、股东和社会，是善待还是盘剥，是欺骗还是造福，是苟且自利还是创造美好？

纵观我国经济腾飞的40年，曾经出现过无数"首富""大王"，但时至今日，能够给人留下深刻印象的却不多，而企业家精神、思想或理念就更无从谈起。只为造富的企业，或许能够获得一时的声誉、一世的财富，却绝不可能走得长远，更不可能传承百年。

企业想要做得大、走得远，就不能只想着做"风口上的猪"，而必须为企业融入一些人文理念。事实上，企业能有多强大，这在很大程度上取决于企业的人文理念，思想和文化的高度与深度，决定了企业的力量和潜质。

2. 商业文化下的企业家精神

我国近年来的经济发展，离不开商业文化的深度熏陶，现代商业早已不是居于"士农工商"末位，而成为我国经济发展的主流文化。然而，现代商业关注的却不只是商业体系、盈利模式。在西方商业文化中，存在雄厚的哲学理论和人文思想，并体现在其法律、道德、职业观和财富观中。而现代商业在我国的发展，同样与中华民族传统文化紧密结合。

儒家所说的"修身齐家治国平天下"，其实就是我国企业家必备的一种精神：创业的第一目标当然是个人致富，但随着个人及家庭的经济条件不断改善，企业家就要关注国家、民族甚至世界，努力造福更多人。

在各类文化的碰撞下，社会上也形成了不同的成功观。关于财富的成功，我们可以从福布斯、福润中找到答案，但即使在财富成功备受追逐的当下，我们同样能够看到，那些登上福布斯的企业家，是否排名越靠前，就越能得到社会的认可呢？

关于成功的衡量指标，始终不在于财富，而在于"立德、立功、立言"，纵使这些话已经很少广泛谈及，但它们却深深扎根在每个中国人的内心深处，成为我们衡量成功的真正标准。

3. 造福更多人并非难事

"造福更多人，造福社会"，很多企业管理者听到这样的话，就觉得太过崇高、很难做到，这其实是忽略了现实价值背后的长远价值。

从工业时代到科技时代，再到互联网、人工智能时代，技术的每一次创新突破，都为人们带来了更多的选择和机会，造福了更多人。而在熊彼得的"五种创新"理论下，任何一种创新实质上都是在为更多人创造福利。

很多人畏惧技术创新，因为害怕技术替代人工；很多人畏惧组织创新，因为害怕组织权威不再；也有很多人畏惧市场创新，因为害怕市场优势难建……但在这样的止步不前中，企业却必将被市场竞争所淘汰。

市场竞争需要创新，而创新就必然需要着眼于更多人的需求。拼多多关注了下沉市场更多用户的需求，将他们纳入电子商务的怀抱，使其得以享受互联网、电商及物流的红利，便捷地购买到需要的优质商品，因此获得了快速发展。

造福更多人，听起来似乎崇高，但其实做起来并不困难。事实上，这不仅是企业价值观的重要核心，也是企业市场竞争的重要手段。造福是造富的更高阶段，但却并不影响企业造富，反而会创造更多的财富。

随着我国经济的飞跃发展，在中华民族传统文化与现代商业文化的紧密结合中，我们却能构建起属于中国的、能够继续传承下去的企业家精神——造福更多人。

05

生活是艺术品，事业是陈列底座

在很多人看来，标题中的"生活"与"事业"似乎放错了位置，因为生活似乎更像是人生的底色，而事业才是我们需要精心雕刻的艺术品。当我们过于强调事业而忽视了生活时，我们人生的可能性也将被限制，反而失去了闪光的可能。

第二章　三观要正：世界观、人生观、价值观

谈及艺术，我们总是会想到那些似乎生活在梦想中的艺术家，他们远离柴米油盐的现实生活，全身心投入到关于艺术的自我表达当中。

比如某悲剧画大师，他的作品能够给人无限震撼，而在生活中，他坐飞机甚至都要与家人分别乘坐两个航班，以分散空难可能导致的风险——或许正是因为他对世界如此悲观，才激发他画出如此伟大的作品。

又比如某雕塑大师，他的思想和性格都充满力量，但他的小型作品却没什么特色，直到别人看到他的大型雕塑作品时，人们才能真正感受到那种傲然有力、坚定自信、敬畏虔诚的气势。

在很多人的眼中，似乎只能看到那幅油画、那座雕塑的艺术性，但真正应当被视作艺术品的，其实并非作品本身而是这些作品中凝聚的艺术家的生活态度，无论是悲观或是敬畏、傲然或是自信。

正如著名艺术评论家福柯所说的那样："使我惊讶的是，在我们的社会中，艺术只与物体发生关联，而不与个体或生命发生关联……每一个个体的生活难道不可以是一件艺术品吗？"如果杜尚随手拿来一个小便斗，只需签上名字就可以使它成为一件艺术品，那我们的生活当然更应该是一件艺术品。

当我们将生活看作那件艺术品，我们就能更加细致地看待生活，并把握当下的每一种可能，在力所能及的范围内创造出自己满意的生活。生活在当下，并不会为我们带来额外的负担，但却会让我们精神愉悦，带着更饱满的热情投入到工作、事业当中，这当然会使我们获得更多。

季琦每次出差时都会给自己准备精选的小包装茶叶和一盒短支沉香，简单的一杯茶、一支香，却能帮助季琦快速消除旅途劳顿，让人神清气爽。"无须刻意为之。将生活看作自己的作品，坚持将生活的美学贯彻其中。"这也是季琦对大家的忠告。

1. "自我"不是给定的,而是发明出来的

人的自我从来不是事先给定的,而是我们每个人用一天一天的生活创造出来的。正是在一系列的选择之后,我们才成为现在的我们,贫穷或富有、幸福或痛苦、智慧或愚昧,这些都是我们自己选择的结果,也是我们对自己生活的塑造过程。

福柯的观点正是由此而生:"从自我不是给定的这一观点出发,我想只有一种可行的结果:我们必须把自己创造成艺术品。"

个人的成长确实会受到风俗、习惯、制度等文化的影响,从我们牙牙学语开始,周遭的环境就在灌输给我们各种思维方式、价值观念、行为规范和道德习俗。但这并不意味着我们就必须循规蹈矩、亦步亦趋,我们完全可以发挥自己的创造力,在自我塑造中对所谓规范加以改变,从而创造属于自己的生活,并将之打造为一座闪闪发光的艺术品。

当我们谈论"自我"时,很多人采用的动词是"发现",但其实,自我并不是事先给定的,而是我们后天创造的,因此,"自我"实际上是被发明出来的,而非发现出来的。对于每个个体而言,我们并没有任何不可改变的规则、准则和规范,也不存在什么隐藏在外表之下的本质,因此,在我们的梦想之下,我们无须给自己设限。

2. 人生并非随心所欲,而需事业作为底座

生活是艺术品,需要我们把握当下的每一种可能,创造出自己满意的生活。不是等待,不是幻想,也不是商业盘算或人情练达;不在于天长地久,也不在于千秋万代,只在于我们自己的选择。

确实,这样的看法似乎太过随心所欲,在当今时代,当我们确立了这些形而上的理念之后,我们仍然要回到现实,从形而下的角度来确定人生的活法。

当季琦明白生活就是艺术时,他当然可以尽情去尝试从未体验过的人生,他

也可以切实地实践福柯的另一观点——"在生活和工作中，我的主要兴趣只是在于成为一个另外的人，一个不同于原初的我的人"。因为，季琦已经创立了三家纳斯达克上市企业，其市值也都超过了 10 亿美元，事业为他奠定了一个足够扎实的底座，因此，他尽可以在这个陈列底座上尽情挥洒自己的生活创造力。

但对其他人而言，事业究竟是什么呢？难道事业只是一种赚钱的来源？或许事业与生活是完全对立的？

事实并非如此。工作占了我们人生三分之一的时间，如果我们只是单纯将事业独立出来，将之与生活相对立，那我们的生活就必然变得残缺，因为连我们自己都无法正视那三分之一的人生。

有些人总是容易抱着"拼命工作、拼命玩"的人生观，认为理想的生活是不断在两个极端之间来回切换，且互不影响。但这样的人生观无疑过于消极，即使从身体这一浅层角度来考虑，这种极端切换的生活方式也使得人体交感和副交感神经难以调节，长此以往，很容易造成植物神经紊乱，影响身体及心理健康。

事业原本就是人生的一部分，更是我们实现自我价值的重要渠道。即使我们没有那样远大的梦想，事业也同样可以帮助我们保持不断学习和思考的状态，在事业中挑战自己的智慧，并借助事业将价值观付诸现实，进而在现实中改变自己的生活乃至他人的生活。

事业增加了我们人生的醇度，是我们改变生活、创造自我时不可缺失的一部分，更是生活这一艺术品的陈列底座。缺少了这一底座，我们所谓"生活的艺术"也将成为一种空想，浮于空中、无法落地。

06
只有统一了核心价值观的企业才有未来

价值观是指企业与员工的价值取向，也是企业在运营过程中推崇的基本信念和奉行的远大目标。伟大的梦想要实现，就必须打造一支三观都正的强大团队，而在当今时代，只有统一了核心价值观的企业才有未来。

企业如果没有自己的文化，就如一个没有灵魂和思想的人，对内没有吸引力与凝聚力，对外也没有爆发力和竞争力。当然，这个世上很难找到绝对没有自身文化的企业，但肤浅、粗糙的企业文化，不仅无法实现企业文化应有的效用，反而会将企业发展带入歧途。

企业文化是企业无形的精神财富，优秀的企业文化更能切实推动企业的财富增值。而所谓优秀企业文化的一个核心要点，就是统一的核心价值观。

企业文化建设之所以强调价值观，更强调统一的核心价值观，正是因为价值观问题往往是企业各类问题的根源，而价值观的不统一，同样会使企业陷入严重的内耗当中，无法形成合力、持续推进。

例如，消费者因为某电器公司销售人员热情周到的服务，决定购买该电器公司的冰箱，但才用了不过两天，这台冰箱的制冷就出现了问题，消费者急忙给销售人员打电话反馈问题，这位销售人员诚恳地表示了道歉并给了售后服务的电话，消费者对此也表示接受。

但在拨打售后服务电话时，消费者打了很久都无法拨通，正当消费者的耐心逐渐被消磨殆尽时，售后电话终于拨通了，对面传来的却是一阵冷冰冰的声音，在毫无感情的问答中，接线员表示将尽快安排师傅上门维修。

然而，直到第三天，消费者才接到一个陌生的外地手机号，对方自称是该电器公司售后,并与消费者约好次日上午上门维修,消费者特地推掉了次日的所有安排等待师傅上门,但在再三的催促中,师傅最终直到下午3点才上门。

经过不到10分钟的维修,师傅表示一切正常,但需要收取100元的上门维修费……

在短短一周的时间内,这位消费者对这家电器公司的美好印象就全部消失,只剩下满腔的怨气。

这就是文化导向不一致、价值观不统一产生的问题,当销售以客户服务为核心价值观时,售后部门却未能给予客户统一的体验,导致前端销售的工作毁于一旦。

统一的核心价值观就是要让所有员工保持一致的价值取向,进而做出与核心价值观相符的言行,确保企业运营的每个成员、各个节点保持协同。

1. 为什么要统一核心价值观

随着我国经济的不断发展,面对世界范围的思想文化交流交融,我国各领域、各行业的思想意识也逐渐走向多元、多样、多变。而在各种价值观念和社会思潮纷繁复杂的背景下,为了进一步巩固全国人民团结奋斗的思想基础,并扩大主流价值观念的影响力,习近平总书记在党的十八大上提出了社会主义核心价值观——"富强、民主、文明、和谐、自由、平等、公正、法治、爱国、敬业、诚信、友善"。

短短的24个字,却深刻地阐述了社会主义核心价值观的基本内容,并从国家层面确定了价值目标、从社会层面确定了价值取向、从个人层面确定了价值准则。

核心价值观对国家发展、民族团结的重要性无须赘述,而聚焦企业内部管理,我们同样需要统一核心价值观。

上海大脚印文画在来到三度学习前已经打造出6个校区,专业从事儿童美术业务。但随着校区的增加、员工的增多，大脚印文画的发展遇到了不小的挑战，企业业绩需要新的突破和增长，化解当下的危机。

在 2018 年 11 月参加三度培训时，我就告诉大脚印创始人刘娟："你必须统一思想，只有先把核心铁班底的思想统一，并据此导入高效的企业管理系统，你才能把员工凝聚起来，激发他们的动力，这样即使你不管事了，他们也会自觉推动大脚印一步步往前走。"

刘娟是一位很爱学习、非常有执行力的企业家，她和她的团队很认可统一思想的重要性，但如何定义这个核心思想呢？最终，我们就从市场需求、公司定位出发，确定了大脚印的核心使命就是要"做儿童开心、家长放心的美育服务，还孩子一个多彩的快乐童年"。后来，因为统一了思想，提升了团队的凝聚力，大脚印在不到两周的时间里就完成了 500 个新生的招生，超越了原来的目标，振奋了团队的士气，并且越做越顺。

这就是企业统一核心价值观的效用，而要进一步分析，我们则可以从五个层面来理解其必要性（见图 2-3）。

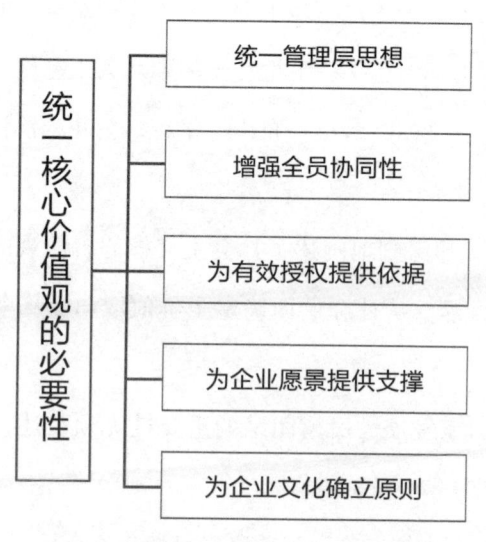

图 2-3　统一核心价值观的必要性

（1）统一管理层思想。企业很多问题的根源，就在于管理层的思想不一致，比如销售要业绩、生产要效率、品控要质量、采购要低价，总经理要快速增长、董事会要多元扩张、创始人想做公益……价值观的冲突，必然导致管理层的决策相互冲突或模糊不清，引发内部管理混乱以及资源内耗。

（2）增强全员协同性。只有在明确的核心价值观下，企业才能判断员工的思想状态是否符合企业要求，工作行为是否保持协同。企业需要确立端正的核心价值观，但对不同企业而言，其发展需求和侧重点也有所区别，如客户服务、技术创新或团队合作等，统一核心价值观，就是明确这一主旨，并要求全员以此为基础进行协同。

（3）为有效授权提供依据。授权是企业高效运营的必由之路，但如何授权却是每个企业都必须解决的重要课题。很多企业将业绩作为授权依据，但如果不对价值观进行评价，管理层就容易出现山头林立、离心离德的问题，进一步加剧企业文化的模糊与混乱。

（4）为企业愿景提供支撑。企业愿景是企业运营要实现的远期目标，而要达成这一目标，企业全体成员就必须形成合力，在资源力量和潜力挖掘中，共同推进企业愿景的实现。为此，企业就必须统一核心价值观，在全体成员心中形成内在约束力和驱动力，为企业愿景的实现提供支撑。

（5）为企业文化确立原则。没有价值观就没有原则，企业就容易为了达成目标而不择手段，这样的做法虽然可能为企业带来一些短期利益，但却可能损害企业的品牌价值或市场口碑，反而导致企业无法得到市场认可。

例如，奋斗作为一种价值观当然有其正面性，但如果企业片面地强调奋斗，无休止地让员工"996""715"，大幅增加员工劳动时间，虽然会使企业在短期内实现业绩倍增，但在劳动者权益越发受到重视而年轻人猝死频发的当下，这种做法则会使企业贴上"吃人资本家"的标签。

2. 核心价值观的特点

社会主义核心价值观由12组词语共同构成，分别从国家、社会、个人角度出发，体现了社会主义核心价值体系的根本性质和基本特征，反映了社会主义核心价值体系的丰富内涵和实践要求，是社会主义核心价值体系的高度凝练和集中表达，因此能够为加强社会主义核心价值观教育实践指明方向、提供遵循。

在企业统一核心价值观时，同样需要把握住核心价值观的这一作用特点，从企业实际出发，真正确立符合企业发展需要的核心价值观。

近年来，越来越多的企业开始关注核心价值观的统一，但在这一过程中，各行各业、各种经营理念的不同企业，其核心价值观却逐渐趋同。

在一项对美国301家顶级公司使命宣言的考察中，我们可以发现其价值观关键词十分类似，如"客户（customers）"出现了211次，"团体（communities）""团队（team）""团队合作（teamwork）"等关键词则出现了263次，"创新（innovation）""原创（initiative）"出现了174次，"员工（employers、individual）"则有236次。

无论在国内还是国外，价值观趋同都成为一种主流趋势，但这并不意味着这些价值观的措辞都只是陈词滥调、互相借鉴，也不意味着企业就必须寻找新的关键词以避免雷同。在统一核心价值观时，我们必须真正理解核心价值观的特点，深入理解其中的哲学精髓，并由此确立企业行为和核心能力，如图2-4所示。

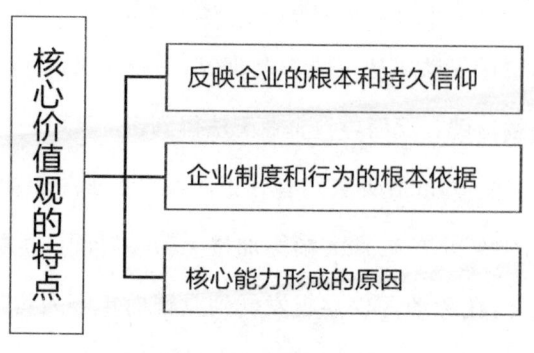

图2-4 核心价值观的特点

（1）反映企业的根本和持久信仰。在流传至今的各民族文化中，我们总是能够找到一些共通点，如诚信、仁德、友爱等，这样的雷同并不代表陈词滥调，而是因其反映了人类社会根本和持久的信仰。企业价值观也同样如此，我们在统一企业核心价值观时无须求新立异，而应真正从企业实际出发，确立企业的根本和持久信仰。

（2）企业制度和行为的根本依据。在企业文化的培养中，企业必须要理解，物质层面是精神的外在表现，制度层面则是精神的保证和初级阶段，而精神层面的核心正是企业的核心价值观，是企业文化的根本。

因此，核心价值观是企业制度和行为的根本依据，企业同样要从制度和行为两方面着手，培养并统一企业的核心价值观。

① 制度层面。制度是通过规范企业成员的具体言行来保证核心价值观的践行和传播。企业的每个成员都有自己做事的方式方法，但在企业身份下的所有言行，都必须符合制度约束，进而形成习惯，使核心价值观渗透成为每个成员的思维和行为习惯。

② 行为层面。企业行为首先必须符合企业制度要求，与此同时，为了进一步强化核心价值观的培养，企业还可以借助物质层面与精神层面的一致性，如视觉识别系统（VI）、行为识别系统（BI）的建立，引导企业行为符合企业制度和核心价值观。

（3）核心能力形成的原因。企业核心价值观同样是企业核心能力形成的原因。正是在遵循企业核心价值观的行为中，企业才能在优势资源的持续集中和开发中，形成属于自己的核心竞争力。

例如，虽然同样强调"创新"，但海尔、苹果、小米等企业提倡的"创新"内涵并不相同，因此，其最终形成的核心能力也相差甚远，如海尔的质量、苹果的品牌、小米的性价比。

核心价值观作为企业文化精神层面的核心，统领着企业物质和制度层面的发展。所谓皮之不存，毛将焉附，任何企业如果缺乏统一的核心价值观，就无法据此完成物质和制度层面的建设，无法引导企业成员行为、实现企业文化熏陶，更不可能有未来。

07
如何提炼企业价值观

2019年11月11日，在腾讯公司成立21周年的这一天，腾讯发布了腾讯文化3.0版本，其中包含全新的使命愿景——"用户为本、科技向善"，以及全新的企业价值观——"正直、进取、协作、创造"。

其中最引人关注的就是企业价值观的变化。如图2-5所示，与腾讯文化2.0版本相比，腾讯新的企业价值观更加简单直接，也更能够发挥指导腾讯员工自觉自发提升的作用。

腾讯文化2.0版本的企业价值观用多个价值观信条对其进行了详细解释，也充分体现了企业价值观的指导作用。但其观感却更像是一篇制度的缩写，员工其实很难记住这些解释性条款，这也成为企业价值观传播的阻碍。

因此，在发布腾讯文化3.0时，腾讯不仅将"合作""创新"升级为"协作""创造"，更简化了企业价值观的解释，如图2-6所示，以便于企业价值观的传播与沉淀。

腾讯公司于1998年成立以来，腾讯文化一直被视作腾讯重要的产品，并已经迭代升级了3个大版本。正如马化腾在内部邮件中所说，企业文化及其价值观源自创始人团队，但在企业的不断发展中，企业的每一位成员都参与到了企业文化的塑造当中，而企业价值观也深刻地影响着每一位企业成员。

第二章 三观要正：世界观、人生观、价值观

- **正直**
  - 遵守国家法律与公司制度，绝不触犯企业高压线
  - 做人德为先，坚持公正、诚实、守信等为人处世的重要原则
  - 用正直的力量对周围产生积极的影响

- **进取**
  - 尽职尽责，高效执行
  - 勇于承担责任，主动迎接新的任务和挑战
  - 保持好奇心，不断学习，追求卓越

- **合作**
  - 具有开放共赢心态，与合作伙伴共享行业成长
  - 具备大局观，能够与其他团队相互配合，共同达成目标
  - 乐于分享专业知识与工作经验，与同事共同成长

- **创新**
  - 创新的目的是为用户创造价值
  - 人人皆可创新，事事皆可创新，敢于突破，勇于尝试，不惧失败，善于总结

图 2-5　腾讯文化 2.0 版本的企业价值观

- **正直**
  - 坚守底线，以德为先，坦诚公正不唯上

- **进取**
  - 无功便是过，勇于突破有担当

- **协作**
  - 开放协同，持续进化

- **创造**
  - 超越创新，探索未来

图 2-6　腾讯文化 3.0 版本的企业价值观

企业价值观不是拍脑袋想出来的，也不是写在纸上、挂在墙上的，而是涉及全体成员的、企业最重要的产品，体现在企业运营的每一个节点上、企业生产的每一件产品上以及企业推出的每一项服务上。

企业价值观终将融入企业的血液，成为企业所有成员的自然选择，在企业成员的向往、认同、落实、坚守与传承中，企业价值观也将带给企业更大的力量和更多的温度，指引企业走向更高远的未来。

那么，对企业而言，我们又该如何提炼属于自己的企业价值观呢？

1. 提炼企业价值观的自问与定向

企业价值观首先源自创始人价值观，正是在创始人的吸引与培育下，创始人价值观逐渐吸收管理层及其他成员价值观，形成企业的价值观氛围。但这种自发的形成过程，却使得企业无法控制最终提炼出的价值观成果。

因此，在提炼企业价值观时，企业就要通过自问来明确价值观的提炼方向，并在落地应用中培育和维护企业价值观。

（1）创始人的自问。在提炼企业价值观时，创始人可以借助以下几个问题来寻找答案。

① 我是因为什么样的特质，才有今天的成就？

② 我愿意跟什么样的人合作？他们具备什么样的特质？

③ 假如有一天我成功了，去大学演讲，我最想送给大学生的三句话是什么？

④ 假如有一天我离开人世，我最想送给孩子的三句话是什么？

⑤ 假如有一天我离开人世，希望后人对我的评价是什么？

（2）高管的自问。高管同样要主动参与到企业价值观的提炼中，并自问这样几个问题。

① 创始人身上的哪些特质吸引我跟随他？

② 我和创始人具备的共同特质是什么？

③ 我希望我的员工未来成为什么样的人？

（3）价值观的提炼方向。创始人和高管的自问，实际上就是在明确自己的价值观，而由此出发，我们就可以从提炼企业价值观的四个方向中寻找企业价值观的答案。

① 创始人坚持的价值观。

② 创始人及高管共同拥有的价值观。

③ 创始人或高管期待形成的价值观。

④ 行业特质所必需的价值观。

（4）价值观的落地应用。企业想要通过提炼价值观增强企业竞争力，就要让价值观真正落地，并融入每位企业成员的血液当中，因此，在价值观的落地应用中，企业还需注意以下八个细节。

① 创始人与管理层对价值观的坚定信仰。

② 明确每一条价值观的形成原因。

③ 使用企业中的真实案例支撑每一条价值观。

④ 不断向员工灌输核心价值观，使其深入员工血液。

⑤ 将价值观纳入年终考核中，要果断清除掉不符合企业价值观的人。

⑥ 企业全体成员、各个环节都需对核心价值观坚定执行。

⑦ 围绕企业价值观，开展年会、旅游、联欢会等活动。

⑧ 将价值观、原因及案例等内容写入员工手册，要求每位新进员工熟读。

2. 提炼企业价值观的基本原则

企业建构企业价值观必须坚持"五个统一"的基本原则，如图2-7所示。

（1）梦想与现实的统一。企业的价值观应该体现企业的伟大梦想，梦想为企业提供了追求的力量和目标，同时也能吸引到认可这一梦想的外部人才。但要注意的是，梦想并非脱离现实、好高骛远的空想，而是在不懈努力中必须达成的目标。而企业核心价值观,就是梦想与现实的结合点,发挥梦想带来的不竭动力,引导企业不断向着梦想的目标前进。

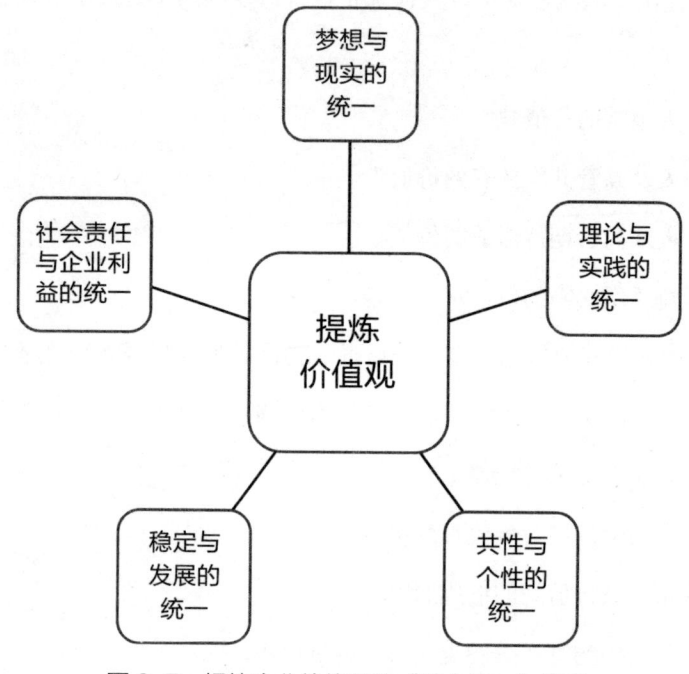

图 2-7 提炼企业价值观的"五个统一"原则

(2)理论与实践的统一。企业价值观并非一句口号、一篇制度而已,这些口号式的工作对构建企业价值观而言远远不够。只有用行动去践行并维护企业的价值观信条,企业价值观才能明白无误地转化为行为,使价值观与企业每位成员的行为统一起来。

(3)共性与个性的统一。在价值观趋同的大趋势下,企业已经很少能够形成多么独特的企业价值观。但要明确的是,独特原本就不是企业价值观的必备要素,很多价值观信条都可能频繁出现在不同行业的不同企业当中,如客户、团队、员工、创新等,但即使是同样的价值观信条,在每个企业当中蕴含的哲学精髓也不尽相同,企业需要找到共性与个性的统一。

（4）稳定与发展的统一。企业价值观一经确定，就需要在长年累月的熏陶与积累中沉淀为企业的内化观念，并对企业成员发挥持久的指导作用。然而，随着时代和企业的不断发展，企业价值观也需要适时、适当地进行改变，企业必须在稳定的基础上进行发展，以适应新形势的需要。

（5）社会责任与企业利益的统一。企业不仅是经济实体，更是社会实体，不仅要造富企业与员工，更要造福更多人，这种双重性的身份特征，也使得企业价值观必然需要考虑到社会责任与企业利益的统一。只有如此，企业才能避免单纯追求利益的短期行为，并在长期的经营发展中为企业创造良好的外部环境，进而形成良好的信誉、获得潜在的市场。

08
你想成为一个什么样的人

有时候一句话说出来很轻，但对听进去的人来说，往往是轻言出重锤，而这句重锤确实彻底地改变了张雪荣的人生。在两次面对人生重要选择的时候，这句话都点醒了她，让她作出了绝不后悔的正确决定。

张雪荣，朋友们称为"四姐"，其实是一位6岁孩子的母亲，在加入三度以前则是一位全职太太。从全职太太到财务总监，从压抑悲观到自信从容，张雪荣这一路的成长与蜕变都有三度的陪伴，而她也见证了三度从初生到茁壮的成长。她与三度的缘分正是从这句"你想成为一个什么样的人？"开始的。

人们总是很难想象刚生完孩子的母亲都面临着什么，张雪荣对此却深有感触：每两个小时宝宝都要吃一次奶，一天加起来只能零零碎碎睡四五个小时；宝宝就像一个定时炸弹，你不知道他什么时候就会突然莫名地哭，使出浑身解数也没办法缓解。那种挫败感和压抑让张雪荣整个人如临深渊，甚至觉得自己活着没有意义。

那天下午，张雪荣站在家里的窗户前，窗外一片冬天的肃杀，树枝光秃秃的，连平日看惯的白墙都显得苍白到绝望。她反复问自己：这真的是自己想要的生活吗？如果不想在平凡和琐碎中抑郁到绝望，就一定要从这个糟糕的泥潭中挣脱出来，一定要摆脱这种低迷的状态，让自己的人生不能这么浑浑噩噩——所以，张雪荣选择了走出来去找工作。

尽管家里的两个"老爷们"都不同意张雪荣返回职场，但张雪荣的婆婆给了她巨大的力量，婆婆说女人也需要有自己的事业。于是，2015年3月，张雪荣开始投简历找工作，机缘巧合下来到了三度赵老师的面试分享会。当时赵老师讲了很多关于公司理念之类内容，但对那时的张雪荣而言，这些内容却很难听懂。但也是在那一天，张雪荣再次听到那句话：你想成为一个什么样的人？

第一次听到这句话时，张雪荣才刚毕业，初入职场的她也没有多喜欢自己的专业，毕业就去了亲戚家的公司，去了专业对口的财务部。当时的财务总监给她培训时就问了这个问题：你想成为一个什么样的人？这句话让张雪荣第一次真正开始思考自己的未来，她当时的回答是：我想成为你这样的人。

那位财务总监是个很优秀的人，工作和事业都做得有声有色，张雪荣很崇拜她，因此，她就想成为那样的人。这就是张雪荣的第一个选择，她的职业发展方向也由此有了起点。因此，在三度再次听到这句话时，她突然有些恍惚，那个埋藏在她心里做一个优秀财务总监的梦想蠢蠢欲动，那被琐碎时光湮没的梦想又一次被点燃了。就因为这句话她没有走，而是选择加入三度，开启新的人生。

当时的张雪荣和其他一起面试的人相比其实有很大劣势，其他人都是没有结婚刚毕业冲劲十足的大学生，像她这样已婚已育的女性在就业市场却很吃亏。虽然心里没底也不自信，但张雪荣真的不想再回到天天在家里自怨自艾的生活当中，于是她决定放手一搏，在充分准备后终于凭着之前的工作经验成功拿到offer。

直到今天，张雪荣仍然很感谢当时三度给她这个机会，三度的包容性对当时的她来说，就像在黑暗中摸索的人苦苦追寻的那道光，让她终于有了方向。当时的三度也是刚刚建立，而这也是张雪荣人生的第二次起点，一起出发的感觉更让她心动不已。

张雪荣与三度的缘分真的很奇妙，在加入三度之后她曾离开过一次，这是因为，当时新成立的三度并没有什么财务方面的工作，企业文化也与她之前待过的公司大相径庭。完全陌生的行业、陡然转变的环境，这一切都在冲击着张雪荣。甚至在当时，公司还与她协商希望她先到营销岗位上工作，等财务方面有工作再转回来。这时候她想起了心里的这句话："我想成为什么样的人？我想成为财务总监啊，去做营销完全背离了我的初衷。"于是，在与家人协商后，在三度没待多久她就选择了离开。

当时恰好张雪荣在考驾照，她就决定考完驾照再重新找工作，于是她又回到了简单的两点一线的生活。可是这样的生活又让她陷入了曾经的泥潭，毫无价值的感觉让她十分无力，虽然家里根本不缺她的那份收入，但没有经济来源的张雪荣感觉失去了底气，有一种强烈的危机感。

这时，张雪荣总是忍不住回想在三度的那段短短的时间，虽然时间不长，但她其实也有收获，尤其是三度的同事朝气蓬勃，每个人都非常热情和友善。回想那段时光，张雪荣才后知后觉地发现：那是她产后压抑日子里最快乐的时光。幸运的是，正在这时三度又一次找到了她，说是公司经过初步发展已经有了财务工作，想让她回去工作。

张雪荣回忆起三度的工作氛围，又一次心动了。但在与先生商量后，家人却希望她找一份朝九晚五的工作，可张雪荣心里想的却是赵老师的那句话——经过整整一晚的深思熟虑，张雪荣最后决定回到三度。

如果你知道自己想去哪里,全世界都会为你让路。

刚回三度时,因为工作并不多,张雪荣每天主动找事来做。离家近的优势让张雪荣甚至能兼顾孩子。但没想到,才短短半个月后,随着三度的快速扩张,张雪荣一下子就忙起来了,一大堆的工作不请自来,加班也开始成为日常。

随之而来的就是家庭矛盾的加剧,那个时候因为几乎天天加班,家里总是发生争吵,先生总是让她别干了,家人们也希望她能回归家庭。他们的阻拦却进一步坚定了张雪荣的决心:我要证明自己的选择是对的,绝不放弃,要做就一定要做好!

当时公司开课基本是倾巢而出,就连作为财务的张雪荣也要奔赴开课现场,每次开课时都是大家一起努力,基本每天都是一两点睡觉,第二天很早起床到会场。大概就是那个时候,张雪荣与同事们结下了革命般的友谊,从同事变成了并肩作战的伙伴。大家一起付出的氛围让她觉得很开心,思想上也有了很大的转变。在从前的公司,她总是觉得公司给多少钱就干多少事,多一点都不愿意干,多一分钟的班都不加,现在却是心甘情愿地为公司付出,把公司当成自己的家一样,同事们也都成了家人——虽然辛苦,但张雪荣真的很满足。

在工作中,张雪荣也遇到过很多困难,财务本身就是很专业的领域,在公司虽然没有人能指导她怎么做账,但是她却受到三度氛围的感染,愿意主动、快速成长。每当遇到新工作、新项目时,张雪荣都会主动想这个事情怎么做、怎么对接,而不再是简单地"我不知道,我不会做,我做不了"。对接到的每一个任务,张雪荣都会认真地思考怎么才能做得更好。她就这样摸着石头过河,慢慢自己摸索,实在摸索不透就打电话、查资料、找人问,最终一步一步地坚持下来。

张雪荣在回忆那段时光时说道:"就好像有股力量牵引着我,指引我一个劲儿地往前冲。如果你问我这种力量是什么?我觉得是公司的文化,是公司的价值观,是公司的这些人,是公司的这些领导们,这一切都让我觉得特别好,这就是我愿意付出、愿意待在这家公司的原因。"

当时张雪荣80%的精力都放在了工作上，家里的小孩都交给老人来带，这也造成了许多问题。于是，很多个周末她都会把孩子带到办公室，孩子在旁边自己玩，她不停地工作，有时候忙到半夜才发现孩子都睡着了……工作和家庭真的很难做到兼顾，家里人开始劝张雪荣回家。

纠结和难过充斥着张雪荣的心：就好像种了一颗种子，看着它慢慢发芽、长大、开花，马上就要结果了，身边的人却都让自己离开——怎么可能会甘心呢？但张雪荣却明白，女人一定要有自己的事业，靠谁不如靠自己。

通过与公司领导的沟通，张雪荣终于找到了两全其美的办法。她在沈董的指导下开始做培养工作，让自己能抽出更多时间陪伴家人，家人看到她的坚持也渐渐放弃劝说。那时，虽然工作还是很忙、很累，但是每当忙完一个任务，张雪荣都会特别畅快、舒服，每当她感觉无法坚持时，她都会默默地在心中把自己想成为的"样子"再描绘出来。

张雪荣终于明白，很多时候人们之所以没法兼顾家庭和工作，是因为自己不够强大、能力不够、承载量不够，但无论如何都不要轻易放弃，再坚持一下事情就会出现转机。

与之前的迷茫不同，张雪荣在三度真的找到了自己的价值，连续四年的敬业奖就是公司对她付出的认可和回馈。现在家里也不再劝她辞职，甚至在今年，公司还给所有五年以上的员工购买重疾险，发放了教育金和养老金，家人收到以后特别开心，夸赞说公司福利待遇真不错，他们也认识到她在这家公司的成功和发展前途。

在三度，张雪荣终于找到了自己未来的发展方向——做一名财税辅导老师。这两年，公司给了她很多机会，她也觉得非常开心，很有成就感，尤其是帮助别的公司把财税规划梳理清楚并落地实行时，她就觉得自己干了一件很伟大的事。

三度的文化是在公司内大家都互称老师，一开始张雪荣总觉得自己配不上这个称号，直到做了辅导老师之后，她才觉得自己担得起"老师"这两个字。因为她真的在财税方面帮助了很多企业，对方的满意和感谢也让她感到满足。

张雪荣在三度真正找到了人生的意义。她总是对别人说，与其说是我选择了三度，不如说是三度拯救了我，给了我的人生一次翻盘逆袭的机会。如果不是这个正确的选择，我可能还是那个迷茫无助、生活一团糟的家庭主妇。再踏入社会的不自信和恐慌被三度的向上朝气冲散，这才有了现在自信从容的我，我相信成功是属于努力、坚持的人。三度可以成就我，也可以成就每一个苦苦挣扎的你，这个包容性极强的平台欢迎每一个愿意做出改变的人。世界上有很多条路，但我们一定要为自己而走！

WENHUA FUNENG
文化赋能

第三章

工作与生活的统一：
如何生活与工作

———————

　　现在，越来越多的人将工作与生活对立起来，认为工作影响了生活。但工作本就是生活的重要组成部分，占据了我们人生三分之一甚至更多的时间，并为我们带来物质财富、精神成就乃至自我实现。因此，我们要作的并不是工作与生活的切割，而是要在工作与生活的统一中，实现自己的目标、价值与梦想，这也是企业文化落地的重要课题。

———————

01
身在红尘里,工作是最好的修行场

当今时代无疑是一个物质丰裕的时代,经过 2020 年的脱贫攻坚战,我国更是实现了全部脱贫的伟大成果。但对很多人而言,当今时代也是一个精神空虚的时代,消极悲观的"丧文化"逐渐流传,"打工人""干饭魂"更是成为热词。

尤其是当每个人的微信里满屏都是同事与领导,生活总是离不开柴米油盐、房贷、车贷等问题时,人们逐渐迷失了生活的方向,找不到人生的意义与价值。在各种嬉笑玩闹中,每个人的内心深处都藏着一个最根本的问题:人为什么活着?

关于人生意义的思考与迷茫,使无数人开始接受冥想与修行,想要在出世的修行中提升心性、磨炼灵魂。面对这样的问题,作为企业管理者,我们则要在企业文化中为所有成员寻找答案,让企业成员在工作中完成修行,而不是激化工作与生活的矛盾。

在日本有"经营四圣",分别是索尼创始人盛田昭夫、松下创始人松下幸之助、本田创始人本田宗一郎、京瓷创始人稻盛和夫。其中,稻盛和夫是唯一健在的传奇人物,他于 27 岁创办的京瓷公司如今已经成为拥有 189 家企业的"商业帝国";但最令人吃惊的是,在他 65 岁那年,当被查出罹患胃癌之后,稻盛和夫决定在京都圆福寺剃度出家修行;在他 78 岁高龄时,他应日本政府的要求接手日航,并只用了一年时间就将其扭亏为盈,重回世界 500 强。

稻盛和夫不仅是享誉世界的经营大师,他关于人生的经验和思索,也指引了无数人重新思考工作和人生的意义。而众所周知,中国儒家先贤王阳明先生又是稻盛和夫的精神导师。事实上,无论是稻盛和夫的"敬天爱人",还是王阳明的

"知行合一",都为我们指出了在红尘中修行的道路。

1. 切莫为修行而修行

当修行成为人们关于磨炼灵魂的共同认知时,越来越多的人开始追寻关于"修道""正果""觉悟""洗涤"的超脱之感,似乎修行就必须远离尘世,最好是在深山老林中静坐,在明寺古刹中读经,在西藏神山上朝拜……但用佛教的话来说,这样的认知无疑是"着相"了,不仅无法提升心性,反而显得矫揉造作。

即使是备受无数修行者推崇的王阳明先生,很多人因其一句"心外无物"而热衷禅定,但王阳明的心学核心却在于"知行合一",在行为中践行认知、在认知中完善行为。

王阳明在拜访杭州虎跑寺时曾见过一位枯坐入定的僧人,据说他已经禅定三年,既不说话,也不看人,禅定功夫可谓一流。但王阳明听说之后却大声在旁说道:"这和尚每天念经不止、目不斜视,就算作真的开悟了吗?"那僧人听了大惊,与王阳明一个对视,自此破了三年的禅定功夫。王阳明又继续问他:"你家里可还有什么人?"僧人说:"还有一位年迈的老母亲。""你想她吗?"听了这个问题,僧人犹豫地说道:"想啊,可我还要修行悟道……"

王阳明立刻大声斥道:"想念她,那就回家看她!佛让你一心向善,你却躲在这里,连年迈的母亲都不看一眼,这就是你的'善'吗?"僧人恍然大悟,立刻泪流满面,收拾行李回家去了。

当有些修行者口称"心外无物"时,却执着于深山、古刹、静室、蒲团等外物,这无疑是对心外无物的极大讽刺。在这个地球上,客观世界只有一个,主观世界却有无数个,每个世界都因为个体的意识而存在,在每个个体的世界里,所有的事物也都是其意识思维分辨的结果。

当我们的心在修行时,那无论在怎样的场合、怎样的状态,我们的心灵都将得到磨炼;但如果我们只是为了修行而修行,那即使禅定三年,也不过是一种自欺欺人。

2. 工作是万病的良药

很多人将工作看作一种"必要之恶"，认为工作是为了拥有美好生活而必须付出的代价、必须承受的苦难。对于这种看法，稻盛和夫曾提出一段诘问："难得来世上一回，你的人生真有价值吗？你的人生价值如何体现出来？你的生活价值就是你忍受了多少不愉快的工作吗？你的工作价值就是你账户上有多少金钱吗？"

"工作是万病的良药。"这是稻盛和夫的观点，也是一句被无数员工视作"洗脑"的话语。但其实，工作其实是解决一切问题的良药，能治愈我们生活中的各种病痛，因为只有在工作中，我们的人生才会获取源源不断的动力，我们的人格才能得以丰满、我们的命运才能走向美好。

为了重新审视工作的意义，我们不妨将视野拉回到我们一辈子与黄土地为伴的祖辈，我们或许都有这样的印象——那是一群闲不住的人，虽然农作物有自己的生长时节，但即使在农闲时，他们也总是会找些事去做，或是盖房加瓦，或是修葺堤坝，或是整修道路，这些事务或许并不会为他们带来收入，但他们却乐此不疲。

因为，在他们的思维中，人生并没有工作与生活之分，不找活干的人就是所谓"懒汉"，一旦懒下去了就再也勤快不起来，而只有当我们能够勤快地度过每一天，我们才会体验到人生的充实与美好。

3. 工作是最好的修行场

真正的开悟无须禅定，真正的修行也无须超脱，真正的道场其实就是红尘。身在红尘里，工作则是最好的修行场。当我们能够正视工作的意义时，我们就能理解：身在红尘里，工作才是最好的修行场。

王阳明在江西讲学时，当地一位官员深受启发，时常去听讲学，甚至听得眉飞色舞。但如此过了一个月后，这位官员却遗憾地对王阳明说道："您讲得太精彩了，但因为政事繁忙，我今后抽不出太多时间来修行了。"王阳明却不解道："我何时让你放弃政事来修行了？最好的修行其实就在工作中。"

所谓知行合一，任何修行都必须与行为相结合才能发挥作用。对这位官员而言，他的每一次判案其实都是在修行，即在判案时不带主观判断，只看客观证据，不因厌恶对方而存心整治，也不因同情对方而曲意宽容，更不因事务烦冗而草率结案。

官员如是，我们亦如是。修行就在于知行合一，我们认知的结果必然需要应用到行为当中，也只有在行为中我们才能不断完善自己的认知，而工作无疑是知行合一的最佳场所。

若非工作中遇到的各种人、事、物，很多人永远不会脱离自己的舒适圈，他们所见所遇都始终局限在自己的小圈子里，也无法检验自己的认知是否正确，更无法提升心性、磨炼灵魂。

毕竟，在回音壁构成的院子里，听似嘈杂的声音波动中，我们能听到的永远只有自己的声音。而在工作中，我们却能与这个世界进行深度交流，正如稻盛和夫所说的，"将作为人应该做的正确的事情以正确的方式贯彻下去"，通过明确人生的基本原理准则，造就人格、感悟人生、创造美好。

02
勤奋努力是生活的原则，也是工作原则

工作是最好的修行场，勤奋努力则是最好的修行方法。在世俗的社会中，想要修行的我们，无须居深山、寻古刹，只需遵循释迦牟尼的"精进"之道即可，在勤奋努力地生活与工作当中，我们自然可以陶冶人格、磨炼意志、升华灵魂，

达到修行的目的，而这也是工作与生活的重要结合点。

当"钱多、事少、离家近"成为人们对工作的追求时，我们却忽视了工作的核心作用，工作不仅是为了生存和温饱，更是为了陶冶情操、实现价值。正是在全身心地投入工作后，我们才能学习如何克制欲望、塑造人格，进而真正享受生活，而非放纵欲望、懈怠人生。

人生只有一次，与其虚度，不如认真过好每一天。但在当下，认真似乎成为一种很"傻"的原则，但如果无法坚持这样的人生态度，平凡的人就不可能脱胎换骨，庸碌的人就只能原地踏步。

勤奋努力，既是生活原则，也是工作原则。因为只有在勤奋努力的过程中，我们才能尽可能地感知生活、拥抱收获、实现成长。即使我一定要将生活与工作切割开来，我们也无法否认，生活与工作都不接受懈怠与懒惰。

1. 坚持下来就会有成果

在很多女士看来，成为家庭主妇是一件令人绝望的事情，每天就是奶娃、洗衣、做饭、家务……这样的生活简直毫无希望，与老公的交流似乎只剩下邻居的家长里短，而人生最大的乐趣不过是在超市打折时抢到的便宜货。

但爱丽丝·门罗却不同，同样作为家庭主妇，但她每天都会抽出一点时间来，散步5公里，并做些创作。她坚持写作，但她小说的主题也不过是个人的生活经历，以及在与邻里主妇的交流中对爱情、婚姻、生活的感悟。

正是这样的坚持，最终让爱丽丝成为2014年诺贝尔文学奖的得主。

坚持一个习惯当然不一定能够成功，比如另一个作家，他同样坚持跑步和写作，但却长期"陪跑"诺贝尔文学奖，他就是村上春树。虽然未曾得奖，但正如曾经的莱昂纳多·迪卡普里奥，村上春树同样是当之无愧的"无冕之王"，没有获奖并不能否定他们的成功。

稻盛和夫最初在一家即将倒闭的陶瓷厂工作，当同事们陆续离职时，稻盛和夫不仅坚持了下来，更是直接搬进车间吃住，每天除了工作之外不是在做实验就是看杂志……最终，在攻克一个研发难题时，稻盛和夫因为材料黏合的问题而陷入苦思，没想到，无意间踢翻的一桶松香，却给了稻盛和夫"神的启示"，使难题得以攻克，稻盛和夫也由此进入新的境界。

坚持当然是辛苦的，但我们却要坚信，坚持必然会带来成果，到那时，我们得到的就不只是公司的奖金、行业的赞誉，更关键的是，我们将发现自己对工作的兴趣和对生活的热爱。

2. 你只是看起来很忙

"我已经很勤奋、很努力了，但为何我还什么都没得到？"人们总是因此对勤奋努力产生疑问，甚而自暴自弃。

但我们却要认识到，如今其实是个"忙碌崇拜"的时代，每个人都在追求"让自己忙起来"，似乎"忙"可以解决一切问题：失恋了，让自己忙起来，忘掉痛苦；缺钱了，让自己忙起来，放弃休息……但"忙"真的能够解决所有问题吗？

毋庸置疑，所有成功的人都很忙，但不代表所有忙的人都会成功。很多人在实现目标之前，就先让自己进入成功的状态——"忙"。但忙来忙去，究竟在忙什么呢？把自己弄得这么忙，就能实现目标吗？

事实上，很多人只是看起来很忙，但"忙"却没有为他创造任何的价值。相反，为了维持这种状态，他甚至还要付出不菲的代价，如金钱、时间，甚至健康和情感。

工作很累、生活很忙，我们对此都深有体会；但在忙、累的同时也要弄清楚：我们究竟在忙什么？我们的累到底有无价值？切忌让自己只是看起来很忙。

拉丁语中有一句谚语："比完成工作更重要的是完善人格。"但我们的人格却并非靠无谓的静思或无意义的忙碌，只有全身心地投入到工作与生活中，不断钻研、反复努力，我们的精神才能得到磨炼，我们才可能在某个瞬间顿悟，如稻盛和夫一样得到"神的启示"。

3. 舒适是最大的风险

每个人都想要稳定的生活，但风险却无处不在，甚至在小区边的公园慢跑，也可能发生意外。更何况，我们生活在一个核武器与地震共存的世界。

无论在生活中，还是工作中，做与不做、拼与不拼，都存在失败的可能。因此，我们要正视风险的存在，明白自己作为"风险承担者"的角色。

"失败从来不是选项之一！"这句话说起来确实霸气，但在应对现实时，这却只是一种自负。对待风险，我们应该谨记："战略上藐视敌人，战术上重视敌人。"

然而，多数人在认识到风险无处不在时，为了尽可能地规避风险，会不约而同地采取同一种手段——找份安稳的工作。但颇具讽刺意味的是，在这个不断变化的世界里，这才是最危险的应对方式。

莎拉·爱迪生·艾伦在《桃子守护者》中写道："如果你感到舒适，那你可能没有在正确地做事。"如果工作对你最大的意义，就在于安逸与稳定，那不要犹豫，赶快脱离现状，因为你可能在这份安逸中逐渐沉入流沙，到时就再也没有逃脱的可能。

03
正确的思维方式，工作与生活的导航仪

工作的焦虑、生活的烦闷，使无数人的人生迷失了方向，更找不到意义。于是，有些人将工作与生活做切割，有些人纵情于生活中的享乐而忽视工作，有些人沉浸于工作中的忙碌而忘却生活……但这样的方式，却不可能使我们的人生更美好、更幸福。

幸福感是每个人的人生目标。事实上，从企业这一组织的运行方式来看，真正将组织成员连接在一起的正是对幸福感的追求。当企业成员能够在工作中感知幸福，并随着企业发展逐渐实现幸福、提升幸福时，企业成员自然能够充分发挥自己的主观能动性。

而对每个个体而言，在追求幸福感这件事上，我们要树立正确的思维方式，构建工作与生活的导航仪，学会如何感知幸福、实现幸福并提升幸福。

1. 幸福人生的方程式

究竟如何实现幸福人生？稻盛和夫为我们提供了这样一个方程式：幸福人生＝思维方式 × 热情 × 能力。这三种要素是相乘的关系，这就意味着，在实现幸福人生的过程中，三者缺一不可。

（1）能力。所谓能力就是指个体的才能、智商，以及健康、运动能力等客观资质，能力大多都属先天资质，但经过后天培养也可实现提升。

（2）热情。所谓热情就是指个体对生活和工作的干劲或努力程度等主观因素，热情基本属于后天要素，完全由个体意志自行掌控。

（3）思维方式。思维方式是上述三种要素中最重要的一环，甚至发挥着决定性的作用。关于思维方式的定义比较笼统，它既包含个人心态、人生态度，也包含哲学、理念、思想等要素。

和能力与热情不同的是，能力与热情的得分都可以采用 0 到 100 分的评分方式，但思维方式却可能低于零分，处于 –100 到 100 的范围之内。这是因为，当我们思维方式出现错误时，再多的能力或热情，都只会带着我们在错误的道路上越走越远。毕竟，纵使你成为乞丐中的王者——也还是乞丐。

稻盛和夫在陶瓷厂工作不顺时，同样陷入过苦恼，想过更换工作，当时的他甚至萌生了做一名"知识型黑社会成员"的想法。幸运的是，稻盛和夫及时摆脱了这种扭曲的心态，否则，我们将失去一位堪称传奇的经营大师，而多了一位穷困潦倒的黑社会小头目。

2. 勤奋努力的关键在方向

曾经有一位矿场主被称为"矿场魔法师",很多同行都认为他会魔法,因为他投入的成本只有别人的一半,但效益却达到别人的两倍。

好奇的人们来到这个矿场进行调研,却惊奇地发现:这里的矿工出奇的多,但他们都沉浸在手头的工作中,几乎没有交流;这里的福利出奇的差,矿工每天工作 12 个小时,用餐时间只有 5 分钟;这里的矿车甚至没有车轮,每个矿工都必须用绳子拉动矿车前进,就如河边的纤夫一般。

有人走上去问矿工为何不给矿车装个车轮呢?但连续问了几个人,都没有人理睬他,直到第八个人,那个人才有所回应:"别来打扰我,没看我正忙着吗?"

人们很奇怪:为何这里的矿工这么拼命?

他们又待了三天,这天正好是周日下午——矿场休息日。矿场主将所有矿工聚集在一起,安排演员给他们表演节目,而节目的内容就是:"一个矿工因为挖矿又快又多,最终成为矿主。"

这当然只是一个故事,我们都知道只会挖矿的矿工几乎不可能成为矿主。但在现实生活中,很多人勤奋努力的方式却如故事里的矿工一般,他们勤奋努力地做些重复性、基础性、事务性的工作,但又能有怎样的结果呢?毕竟,从来不会有人因为把文件打印得又快又好,成为行政部的主管。这样的量变即使积累得再多,也不会引发质变。

勤奋努力是工作与生活的原则,而正确的思维方式却是工作与生活的导航仪,只有沿着正确方向前行,才能引领我们走向美好人生。

人生并不只是让自己忙起来即可,当我们日复一日地从事各种琐碎工作时,我们的时间也正在被浪费,我们的产能也不具有任何价值。在忙碌了一年却没有任何收获时,我们不妨停下来,好好想一想,引发质变的道路在哪里,找到螺旋上升的方向，跳出忙碌打转的陷阱。

3. 正确理解幸福的内涵

我们都想要一段幸福人生，我们勤奋努力的终极目标当然也是幸福，但我们对幸福是否有正确的认知呢？每个人都在追求幸福，但幸福究竟是什么？它是一种客观实体还是主观感受？它是物质的还是精神的？

如果我们无法正确理解幸福的内涵，就很难把握住人生的方向。

（1）幸福不是固定实体。在大多数人看来，幸福感的来源通常表现为财富、权力、家庭、健康、美貌、自由等——无论得到其中的哪一种，都能感受到极大的幸福感。然而，在讨论幸福感时，我们首先要明白，幸福不是固定的实体，不是说拥有一千万存款、成为高级领导、生得美貌如花，就一定能够幸福。

（2）幸福是相对的。幸福感的来源不在于实现某个标准条件，幸福感其实是一个相对的概念。无论是将财富、权力，还是健康、美貌作为幸福目标，这些目标通常都是在比较中产生的，或是与自身的过去进行比较，或是与他人的现在进行比较。但就自身而言，幸福感就"如人饮水冷暖自知"，有些人认为拥有1000万元就会幸福，有的亿万富翁却认为家庭美满才是幸福……

（3）幸福感源自多种要素。财富、权力、美貌等任何一种实体，都并非幸福感的本质，而是幸福感的部分要素。在中国古代有"五福"的说法，也就是"长寿、富贵、康宁、好德、善终"。想要获得幸福人生，我们就要努力在自己追求的各种幸福要素上得到满足。

（4）幸福感是物质与精神的统一。幸福感其实是物质与精神的统一，在追求幸福感中，物质与精神缺一不可。所谓"人穷是非多"，如果物质基础不足，那么，生活里各种鸡毛蒜皮的小事都会影响幸福感；所谓"幸福由心生"，如果内心无法感受到幸福，那么，纵使贵为皇帝也会疲惫不堪。

根据马斯洛的需求层次理论，每个人所处的需求层次不同，而在同一需求层次上的不同人，其需求程度也各有不同。因此，在每个个体看来，幸福感的来源都有所区别，而对幸福实体的衡量标准也有所不同。但可以明确的是，任何单一的幸福实体，都不可能带来幸福感，只有物质和精神上的共同满足，才能构成幸福感的本质。

只有正确地理解幸福的内涵之后，我们才能调整自己的思维方式，找到自己追求幸福人生的方向，从而避免在工作与生活中迷失方向，避免自己的勤奋努力成为无用功。

04
有梦想的人，生活与工作总能统一协调

某电视台曾经作过一个街头随机访问，面对"你的梦想是什么"这一问题，很多人只是尴尬地笑场，甚至选择回避，真正能够站在镜头前，认真谈论自己梦想的人寥寥可数。似乎这是一个比"你幸福吗"，更让人难以回答的问题。是梦想已经过时了，还是梦想只能是孩童时嬉笑的妄言？为什么越是成长，我们越是变得不敢做梦？

实际上，当我们纠结于生活与工作的冲突，当我们想要通过远行来逃离工作与生活时，正是梦想缺位的时候。

很多人都曾拥有属于自己的梦想：想成为艺术家，到处寻找灵感，创作艺术；想成为作家，写下心里的文字，与读者共勉……然而，现实却经常给人们"一巴掌"，艺术家也要付房租，作家也要吃饭，这些都需要钱。而想要生存，就要出售作品；而想要卖出去，则要迎合市场；而在迎合市场时，创作也失去了个人的色彩，变得功利。

在梦想与现实的巨大差异下，有人仍然安慰自己："人没有梦想，和咸鱼又有什么区别？"但同样有人反驳道："咸鱼毕竟可以下饭。"正是在这样的争议中，人生也逐渐失去平衡，陷入"人穷志短"的困境。

其实，想要解决生活与工作的冲突，我们就必须重新构建自己的梦想。因为有梦想的人，才能真正实现生活与工作的协调统一。

1. 人生需要"大得有点过头"的梦想

关于梦想，很多人总是表现出不敢想或不以为意，但我们想要依靠自己的力量开创一个美好的人生，就应该拥有一个"大得有点过头"的梦想，拥有一个超越自身实力的愿望。

稻盛和夫在创立京瓷之初，就立志"要让公司称霸全球新型陶瓷业"。虽然当时的稻盛和夫仍没有具体的战略或确凿的计划，但他却向员工不断地诉说这一志向，在不断地灌输中，稻盛和夫的梦想也终于成为全体员工的共同梦想，并最终开花结果。

梁伯强同样如此，在薄利的指甲钳市场，梁伯强却离职成为"世界指甲钳之王"，虽然曾有同行嗤之以鼻，也有员工不置可否，但最终，在员工的热情追随下，梁伯强真的将指甲钳做到了中国第一、世界第三。

威尔逊曾说："若提到伟大，那必是因为梦想。成功者都是大梦想家，因为他们在阴天的暴雨中、在冬日的篝火旁，依旧梦想着未来。有些人的梦想变成泡沫，有些人的梦想开花结果，因为他们精心维护、培育梦想，故梦想带来的光明和希望总会降临到真心相信梦想会成真的人身上。"

这大概就是所谓念念不忘，必有回响。我们以后的生活是什么模样，人生是什么走向，早就被烙印在曾经播撒梦想的土壤里。梦想是我们为自己绘制的地图，我们将去往何方，都取决于这幅亲手绘制的地图。

每个人的梦想不同，才造就了不同的人和不同人的生活。当然，也只有不断追逐梦想的人，才有机会生活在梦想的生活里。这个道理和相由心生的含义一致，我们追求的事物反映了我们的内心，同时，我们的心理状态会体现在我们的面容、仪态、行动中。这正是梦想神奇的化学反应。

梦想只要在我们奋力追逐的时候才有意义，否则，那便不是梦想，而是痴人说梦。未来只有在实现梦想的过程里才最精彩，否则，就不过是日复一日、年复一年的苟活。

2. 在追求梦想的道路上，没有输赢，只有前行

很多人之所以不敢拥有梦想，其实只是因为不想成为梦想输家。坦白地说，输真的很可怕，尤其是当我们付出所有心血和精力却仍然难挽颓势，不得不眼睁睁地看着一切走向失败——这种感受确实可怕。然而，我们真的输了吗？

如果说有什么事件能够成为一切努力宣告结束的标志，锒铛入狱、被判无期或许是一个重要标志，这甚至已经超出许多普通人的想象。但联想出身的孙宏斌却在服刑4年之后，选择从头再来，从科技行业跳到地产行业，最终通过创立融创实现了自己的梦想。

如果说有什么时间能够代表着人这一生奋斗的结束，那古稀之年大概已经足够长久，毕竟很多人锚定的退休年纪不过是60岁。然而，将玉溪卷烟厂做到亚洲第一、世界第五的褚时健，在1999年因私分公款被判无期徒刑，直到2001年获准保外就医时，已经74岁高龄的褚时健却与妻子承包了一片荒山开始种橙子，等到2011年因为减刑而刑满释放后，85岁的褚时健种植的"褚橙"却迅速成为爆款。

在真正的梦想和理想面前，我们理应不懈奋斗、拼搏前行，而只要我们还在路上，那就仍然不可谓成功或失败。事实上，当我们朝着梦想的目标坚持前行时，生活与工作也就融为一体，因为我们眼中的前路简单直接，不会出现相互背离的双轨。

3. 坚持奋斗，推迟你的满足感

生活与工作之所以出现冲突，往往是因为生活被看作享受、放纵，而工作则被形容作奋斗、疲惫。正是因为这样的思维方式，生活与工作才出现了偏差。其实，在追寻梦想的道路上，我们应当享受奋斗的过程与收获，而所谓消解疲劳的放纵，其实是对人生的放纵。

很多人之所以选择放纵，大多是因为对现状的一种满足感：吃家里、住家里，月收入三四千元足矣；下班回家吃着零食看美剧，人生就是要这样惬意……但当你选择在年轻时就选择享受时，你终将品味一段庸碌的人生。

哈佛大学的老师常对学生说："Delay your gratification（推迟你的满足感）。"前路漫漫，千万不要过早贪图享乐，只有通过奋斗换来的享乐的能力，才是属于自己的，才是永恒的。否则，当我们失去可以依赖的人，当我们失去可以惬意的空间，我们这一生还如何能够如此享受？

有的成功者说："穷人之所以穷，并不是因为不会投资，而是因为不会花钱。"人生说到底是一场投资与收获的游戏，而投资说到底则是花钱的一种形式，无论是投资理财还是投资教育，它们都能达到同一个结果，让"钱生钱"，让自己离目标更近。

投资无疑是最聪明的花钱方式，很多时候，我们的钱花出去了，除了给我们带来一时的享受，却没能带来任何其他收益。这样的花钱就是纯粹的消费，这样的消费其实也是在消耗我们的人生。

英国小说家查尔斯·狄更斯在《大卫·科波菲尔》中写道："挣 20 英镑，花掉 19.96 英镑的人，留给他的是幸福；挣 20 英镑，花掉 20.06 英镑的人，留给他的是悲剧。"

放纵大多体现在金钱上，但也不止于此。我们的金钱、时间、精力，究竟是花费在了无谓的享受上，还是投资在了能力的提升上？这将决定我们最终的收获和回报。而当我们在生活中仍然聚焦能力的提升,在工作中仍然追寻梦想的实现时,工作与生活又怎么发生冲突呢?

05
守原则,重行动,人生和工作都如此

对待工作与生活中的诸多事物,人们总是容易考虑得过于复杂,然而,事物的本质其实极为单纯,再复杂的事物也不过是若干简单事物的组合而已。正如人类的遗传基因,虽然包含30亿个碱基对排列,但真正能够表达基因密码的只有4个而已。

浮于事物表面的复杂性,往往只是因为人们想得太多,我们需要投入复杂现象识别单纯本质的能力,而这就需要我们守住人生和工作的核心原则,再据此作出相应行动,因为我们都知道,纵有再多的思考和计划,如果没有执行那都毫无意义。

1. 守住单纯的"原理原则"

稻盛和夫在27岁创建京瓷时,不过是一位有经验的陶瓷工程师,但却缺乏经营企业的知识和经验。面对接踵而来的各种问题,尤其是财务、营销等事项,稻盛和夫必须迅速作出决断,而任何一次判断失误都可能使这家初创企业陷入绝境。

在苦思冥想之下,稻盛和夫最终想出了属于自己的"原理原则"作为所有判断基准,即"作为人,何谓正确"? 在这样的"原理原则"下,稻盛和夫要做的就只是将正确的事情以正确的方式贯彻始终而已。

如正直、诚实、谦虚、亲切等父辈教导的、人应遵守的原则,理应成为我们人生和工作中必须遵守的基本准则。好坏对错或许真的没有一个完全明确的间隔，但在可做与可不做之间，我们却可以依据相应的道德和伦理作出选择。

无论是企业文化的塑造，还是个人的生活与工作都是如此，人类所有活动的对象都是他人，而在人与人的交互中，我们的判断就不应偏离人最基本的道德规范。如此一来，我们才不容易陷入困惑，而是以积极的心态迎接人生中的一切挑战。

"守原则"在很多人听来已经十分老套，甚至与时代格格不入。但要知道，过去判断积累的结果就是我们现在的人生；而我们当下的选择，也将决定我们今后的人生。

此时，如果没有一个明确的基准判断，我们就将如黑夜中没有灯光的行人、大海上没有海图的孤帆，难以确定属于自己的道路。

在当今时代，我们总是能够遇见太多选择，而在数十条岔路的起点处，我们又该如何作出选择呢？是我们原本该走的那条路——那条布满荆棘的道路，还是那条圆滑轻松的道路——即使我们不得要领？如果我们选择了后者，但不得要领的我们，又能在这条道路上走出多远呢？

2. 贯彻落实与执行才有意义

任何思考、计划或原则，如果脱离了贯彻落实与执行，也就毫无意义，正如一串"0000"的前面如果没有"1"，那它仍然是最小的那个数字。当我们确定了自己的原则和梦想，那我们要做的就是立即执行。

本杰明·富兰克林早已给出忠告："千万不要把今天能做的事留到明天。"但人们总是习惯将事情推迟一步再做，好享受短时间的安逸。有时，很多人不想出去跑步，不想做财政预算，不想完成工作清单上的下一步，确实，他们很累了，那些事也确实很难，或很耗时，短暂的休息也未尝不可。但在休息之后，还请加倍努力赶上进度！因为只有在执行与获得中，那些苦难、烦闷才会真正值得。

威廉·克莱蒙特·斯通建立的保险帝国价值数亿美元。而他对他的所有员工都有这样一个要求，那就是在每天开始工作之前不断默念："立即执行！"一旦觉得自己懒散了，或者想起什么必须要做的事情，就大声对自己说："立即执行！活好当下！"

"立即执行"——唐骏的电脑桌面上就写着这样的四个字。在唐骏看来，不给未来太多遗憾的唯一方式，就是珍惜当下的每一分每一秒，让其发挥出最大的价值。

常常有人会说："如果当初我也那么做的话，我早就发财了！""我早就知道会这样，只是我没做而已！"但在此时，他们并不感到后悔，反而会因当初的"料事如神"而感到沾沾自喜。他们自信地认为："看吧，就像我说的那样吧！不是我发不了财，只是我不去做而已"。而问到为什么不去做，他们也会说："既然只要我做就能成，那不如抓紧现在的时间好好休息一番，养足精神再做。"于是，他们就真的休息至老，一事无成。

3. 活在当下，不给未来留下遗憾

时间最大的杀手就是拖延。时下，"拖延症"被很多人挂在嘴上，他们并不是因为仍在寻找目标、摸索方法而无法行动，事实上，即使"万事俱备"，他们仍然不愿着手去做——似乎只要事情拖着不做，就能避免时间带来的压力。

相比于动手去做，动嘴当然更加轻松；相比于努力拼搏，躺倒当然更加安全。正是因此，很多人希望尽可能将动手的事情往后拖延，如工作、学习、生活，直到迫不得已为止。

在很多人看来，似乎一旦开始工作、学习就再也没有时间休闲，于是，他们就尽量将工作、学习延后处理。与此同时，当一段比较困难的工作或学习计划将要开始时，他们能够预想到的情境是：在相当长的时间里，自己都需要专注于此，但却不一定能真正实现目标，如果做得没别人好还会让自己丢脸。于是，"拖

延症"自此而生。

继续深究，我们就能看到在那些冠冕堂皇的话语背后，其实是藏在内心深处的恐惧感。

（1）对失败的恐惧。在这种恐惧下，人们好像只要拖着不做，就不会失败，在浪费时间和精力的时候，他们也会告诉自己："没关系的，我能做成的，只是现在还没准备好。"而当失败真的成为事实时，他们也能够安慰自己："只有这么点时间，做不好是正常，有这样的成绩已经很好了。"

（2）对"不如人"的恐惧。他们往往对自己的能力十分不自信，害怕自己做出来的结果不如别人，而不做的话就能将这种可能"从根源上"消除，当别人做成的时候，他们也却又表现出极强的自信："换成是我做的话，我肯定能做得比他们好！"

然而，工作与学习中蕴含的成长与成就，才是人生快乐与愉悦的源泉，更是实现幸福人生的重要驱动力。投入到工作、学习中去，并不会让自己感到孤独与焦虑。即使最终的结果与自己的期望相去甚远，但守原则、重行动的我们，也必将在下一段旅程中获得应得的收获。

06
磨砺心志，表达感恩，工作才有喜悦

"天下熙熙皆为利来，天下攘攘皆为利往"，越来越多的人成为这句话的拥趸，相信人类的本性是自私自利。因此，他们所思所想，都是如何用最少的付出，获得最大的收获。但当我们只知寻找捷径时，我们也将失去基本的耐心与善心；当我们总以利己视人时，我们就再难感受真心与喜悦。

如今的年轻人大多会主动套上"迷茫"的标签，认为生活没有给予自己应有的回报，因此，他们对这个世界心怀怨怼，更不会向别人付出。

徐薇毕业于一所一般本科院校的财务管理专业，毕业之后一直在找专业对口的会计工作，她也曾经做着进出CBD（中央商务区）、晋升CFO（首席财务官）的梦想。但学业一般、缺乏经验的她，在经过长达三个月的面试之后，才终于获得一家小型财税公司的实习生工作。

"说是实习生，其实也就是个打杂的。做的都是端茶倒水、整理文件的琐事。"徐薇如此形容自己的工作日常。但在她的抱怨中，她的闺蜜问："难道就没有让你上手学习过吗？"

"别提了。入职就给我安排了一个带教老师，但那个人才教了我半天，就扔给我一堆账，然后就自己出去了。这明明就是想自己休息嘛，我做了一会儿就停手了，等他回来就让他继续指导……我又不傻，后来我跟几位前辈说这事，他们也说是那个人不好！"

看着徐薇扬扬得意的模样，闺蜜也明白了她为何会陷入如今这样的处境。

对于老员工而言，把一些繁杂的工作丢给新人，或许是一种放松；但对于新人来说，这却是难能可贵的锻炼机会。毕竟，就算工作做差了，"背锅"的其实仍是老员工而已。

如果新人不愿接手，老员工当然不会有什么意见，但也很难再悉心去作指导。毕竟，这也不是他的分内事。而新人竟然还以此向别的老员工抱怨，那结果可想而知了。

为何不高兴？为何会迷茫？究其根源，其实正在于不愿磨砺心志、无法心怀感恩。当你将减少付出看作自己的收获时，那你就会如吝啬的葛朗台一般，失去赢得真正回馈的契机。

1. 向别人付出，就是向自己付出

人类社会离不开人际交往，而人际关系就是在一次次相互付出中形成的。你帮别人带一份早餐，别人请你喝杯下午茶；你帮别人分担一点工作，别人将你介绍给他的客户；你为公司带来超出本职工作的收益，领导给你更多的奖金或更高的职位……

这个世界就是如此，如果一个人不愿向别人付出，那他就是在斩断自己与这个世界的联系，而所谓回报自然也找不到上门的路。

这里并非让我们无私付出，这未免强人所难也毫无道理，但我们却都要记住这样一句话："如果你愿意为美有所付出，那请拿好这世界塞给你的丑陋。"

对于徐薇而言，帮老员工做账是一种纯粹的付出，但其实，在付出的同时，她就已经有所收获，如工作锻炼的机会、老员工的认可以及融入新团队的契机。我们必须要认识到，当我们向别人付出时就是在与这个世界建立联系，也就是在向自己付出。

如今，很多互联网公司的员工都在吐槽"996"，但他们仍然不愿离职。答案就在于，他们明白，就算每天朝九晚九，每周工作六天，看似是在为公司作付出，但也是在给自己历练的机会。

人们之所以害怕付出，其实是害怕没有回报的付出。正如很多人开玩笑所说："你别看我扛一包大米扛不动，但如果里面都是钱，我肯定跑得比谁都快。"没有人能够看清付出的前方究竟有什么收获，但所有人都知道，如果不愿付出，等在原地也不会有馅饼从天上掉下来。

2. 感恩是最强的能量场

很多人以为这种能量叫作梦想、欲望、财富、爱情，但我要告诉你，感恩才是世界上最强的能量场，也是这个宇宙的基础能量。当我们心怀感恩并勇于表达时，我们也将赢得世界的回馈，感受到人生的喜悦。

岁月静好时,感恩让我们看到平淡生活的美好,激发出更强的创造力;陷入低谷时,感恩帮助我们摆脱抱怨与愤怒,重拾心情、重整旗鼓;稍有成就时,感恩提醒我们切勿骄纵或自私,要懂得回报与利他。

感恩,就是感受这个世界给我们的恩典,而在这样的感受当中,我们也将与这个世界建立起联系,当我们对世界有所求时,世界也将给我们更强烈的回应,而当世界对我们有所需时,我们同样要知恩图报,如此才能在生命中建立正能量的循环。

生命离不开阳光,人生需要正能量,但很多人却已经沉浸于"丧文化"而无法自拔。此时,我们则要保持高度警惕,如果无法改变对方不妨主动离开。

人生需要磨砺心志、表达感恩,需要与他人、世界建立联系,但我们也要明白:"你是谁并不重要,重要的是你和谁在一起。"当我们身陷负能量的泥沼,自身的正能量也会被逐渐吸走。

生活中总有这种人,你还未与他开始交谈,就感到不舒服;而当交谈进行了10分钟之后,你或许已经身心疲惫。他们的消极、短视,都在消磨你的能量,使你的人生变得黯然无光。

人有时就如飞蛾一般,趋向于光明的事物。如果他身上满满都是负能量,我们的身体就会感到不适,在与其长期相处中,我们也会变得平庸;但面对正能量的人,我们却能进入一种舒服的状态,因为未来很有希望,生活很有滋味。

切忌成为"能量吸血鬼",也要切记远离"能量吸血鬼"。

"丧文化"或许能够成为奋斗路上的调味品,但终归是以削弱正能量为代价。抱怨的人只会成为生活中的弱者,强势的人也可能引起别人的厌恶。在与人相处时,我们一定要磨砺心志,言语间多传递正能量,这样才能真正形成一个愉悦的工作氛围。

07

生活中利他，工作上利他，利他是福报

在一次采访中，记者询问稻盛和夫："佛教与企业经营之间，是不是会产生矛盾呢？"稻盛和夫的回答是："其实这是一个很大的误解。佛教中有这样一句话'自利利他'，佛教认为，要想自己获利必须造福他人，教导人们不要只考虑自己的利益，也要让他人得益。我在企业经营当中也经常要求员工帮助他人。日本有句话叫'人情并不是为别人'，意思是说善待别人就肯定有回报。中国也有类似的话，如'积善之家有余庆'，做善事的人家子子孙孙都会得到幸福。就这点来说，我认为佛教不适应资本主义、不适应企业经营的说法是错误的，以佛教思想为基础从事企业经营远远比一般的企业经营高尚得多。"

事实上，早在出家之前的 13 年，1984 年，稻盛和夫就将手中价值 17 亿日元的股份，赠予集团内的全部 1.2 万名员工。在他的著作《人生与经营》中，稻盛和夫写道："无论现在还是将来，公司永远是员工生活的保障。"

做企业，就是要造福更多人，每个人在工作与生活中也应当遵循利他原则——因为利他才是福报。

1."大善"与"小善"

利他是福报，积善有余庆，但这并不意味着无原则、无节制地利他。之所以越来越多人对"好人有好报"产生疑问，正是因为他们未曾区分"大善"与"小善"。

比如很多人都曾遇过的朋友借钱不还问题，朋友遇到了困难，你借了钱给他，但他却迟迟不还，反而使你陷入困境。为何会发生这样的事呢？就是因为这样的"善"只凭感情或同情，但却没有作过一个基准的判断——朋友为何遇到困难？

如果这位朋友因为做事马虎、胡乱花钱已经债台高筑,那你因为同情而借出的钱,相比其债务而言可能只是杯水车薪。更重要的是,这种同情和迁就的做法,反而会助长他马虎和挥霍的坏习惯,使其在这条路上越陷越深。

在这一案例中,因为同情而借钱正是一种"小善",真正的"大善"应当是问清楚事情的来龙去脉,甚至进行一些调查,如果是因为对方挥霍浪费或其他不良习惯才导致这一结果,那我们就应当明确拒绝借钱,并劝导对方接受教训,重新振作。

很多人认为这样的"大善"近乎无情,但我们也要明白:"孩子可爱也要让他经风雨、见世面。"一味地呵护、同情与迁就,只会让对方失去认识世界运行规律、了解社会运转规则的机会。

当我们区分了"大善"与"小善"之后,才能在生活与工作中更好地理解利他,并走出狭隘的利己主义,在利他中积累福报。

2. 善待这个世界,你也将收获善意

2018年初,改编自同名小说的《奇迹男孩》在中国上映,这部宣传不多的电影却迅速在各大影评网站引起热议,这部电影也被称作"与人为善的当代童话"。

这个故事其实很简单:患有特雷彻·柯林斯综合征的奥吉面部严重残缺,即使经过27次整容手术,仍然难以拥有一张普通人的脸庞。虽然他的父母与姐姐一直百般呵护,他的母亲甚至放弃设计专业硕士学位,全力以赴照顾奥吉,帮他在家完成小学一至四年级的学业。

直到五年级时,他的家人准备让奥吉进入学校学习。而对校园生活既向往又恐惧的奥吉在入学之后,并没有体验到学校的温暖。各种异样的目光让他难受,校园霸凌也落在了他的身上。

但奥吉并没有对这个世界失望,而是选择用自己的善良、聪慧和幽默感,感染周围的人,收获了友谊、尊重和爱,成长为大家心目中的"奇迹"。

这部影片的原著小说在 2013 年一经出版，就迅速成为当年的畅销小说，销量超过 500 万本。而其作者 R. J. 帕拉西奥在谈及小说的灵感来源时，则称其源自心里的一个愧疚：在 2008 年，当她带着孩子去一家冰淇淋店时，旁边坐着一位面部严重残缺的孩子，当时的她选择了避开。正是这件事让她感到后悔和羞愧，因而写出这本小说。

在《奇迹男孩》的结尾处，当奥吉最终获得学校成就奖时，面对众人的欢呼，奥吉却只是简单地说了一句："我不知道他们为什么要为我欢呼，我猜，我只是做好了一个普通人吧。"

所谓"奇迹"，不过源自"做好普通人"的善意。

很多人看完这部电影，也会由衷羡慕一句："奥吉是幸运的。"似乎奥吉的一切都源自运气，但其实，这不过是他善待世界的必然回报。

每个人的人生其实都是一场苦战，我们需要面对层出不穷的挑战。这个世界就是如此，即使它缺少善意，但如果我们能够善待这个世界，我们也终将收获这个世界的善意。

其实，当我们说"善待这个世界"时，其实就是"善待自己"。因为你的善意是能够得到回应的，也只有当你善待这个世界时，你才能从这个世界收获善意。而当我们能够善待这个世界时，我们也不用总是为别人是善意或恶意而苦恼，毕竟，背负着这样的心理负担只会让生活更加辛苦。

3. 赋予每个企业成员"幸福驱动力"

"员工是企业最重要的资产"，大概没有企业会否认这个说法。然而，企业也应明白，每个企业成员作为资产是有其情感需求的，而非拧紧发条就能投入运营的机器。因此，企业想要引导员工实现工作与生活的统一，想要将员工这一"资产"的效能最大化，就必须结合利他思维，为每个企业成员注入"幸福驱动力"。

哈佛大学教授肖恩·埃克尔是《幸福优势》一书的作者。他曾对员工幸福感进行了长达十年的研究。肖恩认为,在现代经济中,幸福且敬业的员工是企业最大的优势,据调查,员工幸福的企业的销售额平均增加37%,生产率平均提升31%,任务准确性则增强19%,与此同时,每个企业成员的健康状况和生活质量也都得到极大改善。

时至今日,绝大多数人都扮演着"企业人"的身份,我们都面临工作与生活的矛盾问题,而关于工作的不幸福感却达到空前水平。正是在这种背景下,当有些企业强调"996是福报"时,我们更要明确"利他才是福报"。而所谓利他,并非简单地让员工给企业创利,企业更要主动给员工创利,在互惠互利中,让企业和每个企业成员都拥有实现幸福的能力。

正如青岛啤酒企业文化中的一个观点:"酿造啤酒的不是机械的操作和流水线,只有内心充满快乐、激情的员工才能酿造出快乐而激情的啤酒。"

在长达百年的发展中,青岛啤酒也形成了"通过做大'企业'把'人'做大,通过做大'人'把'企业'做大"的企业理念。青岛啤酒始终把提升员工幸福指数放在第一位,关爱员工身心健康、保障员工权益、关注员工成长。为此,青岛啤酒也从个人和组织两个角度发力。

(1)个人维度。青岛啤酒认为"幸福就是让何时的人做何时的事",而所谓合适,也是一种动态的概念。因此,青岛啤酒会综合考量员工的能力、特长和个人意愿,实现"适人适岗,优势互补"。

(2)组织维度。青岛啤酒建立了完善、全面的激励体系,青岛啤酒将之归纳为"以薪酬福利为基础,以职业发展为动力,以情感为纽带,以文化为核心",从工作环境、培训机制、职业发展、晋升机制、员工关爱基金等各方面,让员工得以享受到企业发展的红利。

在关于工作与生活的统一问题上,在关于利他与福报的关系处理中,企业及其企业文化要做的,就如青岛啤酒一般,需要站在幸福的角度,充分考虑企业每个成员的客观条件和主观意愿,通过个人沟通、企业文化、管理制度等手段,赋予每个成员"幸福驱动力",让企业成员可以在自我管理、自我驱动中,与企业共同进步、共同幸福。

08
企业使命、愿景、价值观落地

在谷歌公司,当员工申请离职想要跳槽时,他们并不会像多数公司一样,给员工加薪承诺以留住员工。事实上,谷歌并不会采取任何行为挽留要走的员工——因为挽留从员工进入公司就开始实施了。在新员工进行面试时,谷歌的人事主管就会明确地询问员工:"你希望从这得到什么?"谷歌留住员工的从来不是过人的薪酬水平,而是为每个员工描绘出的一道远大愿景。

戴尔同样如此,他们会将员工得到的薪酬水平与企业的使命目标相结合,以此让所有员工认识到企业使命的重要性。戴尔经常会展开各种各样的研讨会,研讨主题也丰富多彩:如何营造更轻松的工作氛围?消费者的消费趋向是什么?我们的发展方向是怎样的?研讨会的举办,不仅能让员工主动为公司发展出谋划策,还能让每个员工将企业使命视作个人追求。

在一次关于"老员工为什么会留下来"的调查中发现,即使42%的人事主管都认为,老员工是因为"习惯了"而不想离开;但事实上,同样是42%的老员工认为,自己之所以留下来是因为"发展空间较大"。两者的共识则在于,薪酬福利已经不是留下来的主要因素。而在同样的调查中,关于"员工最想要从工作中得到什么"这一问题,55%的员工选择了发展前途,而只有38%的人事主管选择了此项;相反,42%的人事主管认为员工更想从工作中得到"更高的薪酬待遇"。

每个职场人在考虑自身事业时，都不会仅仅因为习惯或薪酬而停滞不前，因为在社会经济快速发展的当下，职场人也必然有一颗持续向上的心，在他们的内心深处也藏着自我实现的梦想——这也就是所谓"发展空间"的内涵。

而这样的现状对企业而言却是最大的利好，因为员工眼中的发展空间，其实正是企业的成长空间。只有当企业处于持续成长的状态，员工才能获得发展空间，而当此时，在统一价值观的指导下，企业及其所有成员也正在逐渐实现企业描绘的使命与愿景。

比如丰田将合理化建议制度称作"创造性思考制度"。丰田内部一直以"好主意，好产品"作为其文化理念，他们相信，只有发挥全体员工的智慧，才能制造出更加物美价廉的产品，从而赢得消费者的喜爱。

丰田会定期开展员工会议，并不间断地举办各种现场建议活动，为员工提供更多的建议途径，从而达成改善公司目标的目的。员工所提的建议也会尽快被提交到管理层以及相关部门，经过审核调查之后，对于有效的建议，丰田也会给予相应的奖励。

企业使命、愿景和价值观的落地，必须要赢得每个企业成员的认可，否则，即使企业再主动地进行灌输，也只会引起员工的反感。为此，企业可以从口号感染和幸福驱动两个层面着手，建立更加完善的企业文化落地方案。

1. 以口号感染情绪

有些企业经常选择用口号来激发员工热情、塑造企业文化，甚至用口号来进行"洗脑"。事实上，国内的很多企业，尤其是销售型企业，最热衷的正是开晨会、喊口号的模式，但效果如何呢？

下面来看一位员工的自述：

"我不明白，一个晨会为什么非得员工都站着开。我不明白解说员为什么要背对着大家，自言自语地念着课目表。我不明白为什么要唱歌。我不明白为什么要喊着怪异的口号。我……有很多不明白。那些歌唱，那些感恩，那些给你画的一张张大饼，都是虚伪的。

"当看到负责人要求员工一遍遍地大声喊着口号，我在想，震耳的吼声与合适的职业引导，哪个能带来业绩？唱歌声音不大？难道你没有见过在歌房K歌时，人人都很卖力？在你们照搬所谓'先进经验'的时候，你们没有考虑是否符合企业和员工的需要？一个心里没有热情的工作，和一个不合适员工工作的氛围，只能给员工混日子的心理。"

很多企业都在使用"晨会+口号"模式，但也应当看到，虽然在部分成功企业，口号能够提醒员工团队的存在，帮助企业团结员工、激发斗志。但在更多的企业里，口号已经喊到麻木，却仍然喊不出效率。

习近平总书记在2016年初重庆调研时，就曾说道："不能把理想信念只当口号喊，要把理想信念时时处处体现为行动的力量，树立起让人看得见、感受得到的理想信念标杆。"

理想信念是奋斗的终极目标，但要明白的是，理想很多时候并不一定会实现。但理想信念应当成为企业运行的支撑力量，并以"看得见、感受得到"的口号，带领员工走向幸福。

在企业发展中，口号不可或缺，很多企业更是会在晨会上集体高呼口号。口号也因此成为企业文化建设的关键手段，成为企业管理的重要方式。但口号决不能飘在天上，在喊口号之后，企业还需要制定各种措施，引导口号落地。

当企业高呼"成为行业第一"时，在口号之外，也要切实落实"成为行业第一"的方针，让员工看到企业确实是在向这个方向努力，而且正在不断地接近目标。否则，员工不仅不会受到口号的激励，还会觉得："领导者'假大空'，喊口号只是耽误时间，在这么虚伪的企业里工作，也没什么意思。"

2. 以幸福驱动成长

如果说有什么可以被当作企业全体成员的一致目标，那么，答案必然是"幸福"。只有在"幸福"的问题上，企业才能够与员工达成一致，否则，我们就很容易感受到来自员工的抵抗情绪。

正如前文所说，幸福的来源是多元的。使命的达成、愿景的实现、价值观的践行，对于人们而言同样是一种幸福。因此，企业想要赢得员工的认可，就要在企业管理中融入"幸福激励"制度，将幸福作为重要驱动力，让员工与企业的目标趋于一致。

（1）晋升激励。晋升激励就是公司为员工提供升职的机会，从而达到激励员工的效果。在这一过程中，企业则可以将企业使命、愿景和价值观融入晋升考核当中，确保每位晋升员工都是企业文化的践行者。

需要注意的是，在晋升激励的落地过程中，最重要的就是规范、合理和公开。

麦当劳每个月都会组织一次全面的业务考核，想要晋升的员工都可以借此获得提升机会。这项考核的内容十分全面，包括服务质量、门店清洁、劳务管理、书面作业、自我管理等内容。除此之外，麦当劳还会对管理者的影响力进行全方位的考核，涵盖对下属、对客户、对门店以及所提意见等各个方面。

在决定对某员工进行升职时，该员工还需要通过一套完整的晋升程序：自我推荐、公开评价、预先设定目标、事后晤谈、定期评价。在这套考核程序中，麦当劳的中心经理则是业务考核的主要考核人，其评估报告都会被公布，以保证考核程序公正性。

除了保证程序公正、标准合理之外，企业还需要为员工提供多种晋升渠道，比如以权力增长为核心的管理途径、以技能提升为核心的技术途径、以职能调整为核心的岗位途径等，保证企业能够满足员工多样化的晋升需求。

当然，由于企业的职务是有限的，晋升激励必然只能满足少部分员工的需求。因此，企业也可以适当采用非职务晋升激励，简单来说，就是给予员工更高级的职称，但在工作内容、管理层次上，不做大幅变动。

（2）荣誉激励。当员工在绩效管理中获得物质奖励时，员工事实上也获得了一次荣誉激励。此时，荣誉带来的激励效果反而更高于物质。因此，企业完全可以采取"本末倒置"的手段，将荣誉作为主要奖励，附带一些象征性的物质奖励。

具体而言，企业可以定期举办"先进员工"评比，并在员工大会上宣布评比结果，进行现场颁奖，授予荣誉证书、名列荣誉墙，并给予一定的物质奖励；另外，在日常工作中，企业也要实时对员工的表现作出认可和赞赏，比如当员工在某项工作中表现优异时，由管理层向全体员工发出邮件，作出表扬，并号召其他员工学习。

（3）活动激励。员工除了职场需求之外，同样拥有社交需求，但由于大量时间耗费在工作中，员工的社交需求也很难得到满足。因此，企业可以为员工组织各种活动，并与企业文化相结合，将活动作为企业文化落地的重要手段。

如今，很多企业都会定期举办团建活动。但在实际操作中，很多企业的团建活动都不过是一次大型聚餐，所有员工聚在一起吃顿饭，然后就各回各家，剩下的关系较好的员工会举办第二场活动。这样的活动对于企业而言，并没有多大的团结作用。因此，在活动激励中，企业除了出钱之外，更要动脑筋设计更佳的活动方案。

（4）培训激励。基于企业职务的有限性，晋升激励的作用范围也受到限制；而荣誉激励在很多员工眼中，也有些"虚"。此时，企业则可以采取培训激励的方案，用成长机会来引导员工持续提升价值、创造价值。

在一个优质的企业组织中，员工必然都拥有学习成长的欲望。基于员工的这种需求，企业可以在企业文化落地方案中融入培训激励方案。如果员工实现某个阶段性的愿景目标，就可以由企业出资帮助员工报名培训班，让员工拥有学习成长的渠道。

09
致所有努力奋斗的人

肖倩是刚入职三度半年多的一个小姑娘，别看她年龄小，在工作上她却是个能干的小女孩，在她的眼睛里都是对生活的美好向往，在她的身上永远充满正能量。肖倩的活力感染着身边所有的朋友，就像一个光芒四射的小太阳一样温暖着身边的一切。

肖倩有幸结缘三度，有缘认识了她工作上的贵人——她的师傅莎莎老师。在莎莎老师的指引下，肖倩学到了很多知识，认识了很多战友、朋友，挑战了很多自己原以为做不到的事情，慢慢地、一步步地提升着自己各方面的能力，在这短短的半年时光获得了长足的成长。

虽然在这段时间里，肖倩也曾遇到困难、挫折，但三度的领导及各位小伙伴都给予了她无私的帮助，莎莎老师更是给予她无微不至的关心，就像一个大姐姐带着妹妹，让她慢慢学会独立，长大成人。

肖倩明白，在三度这样的平台上，永远不缺努力的人，你会发现身边所有的人都很努力。但也正是因此，在这个平台上每个人都是平等的，都可以实现自我价值。在这里，肖倩梦想着有一天可以实现自己的梦想，成为一名优秀的管理者。在这里的每一天，肖倩都明白自己要做的事情是什么，自己有没有在其位、谋其事、尽其责——自己离心中的梦想有没有靠近一点。

人生其实如同登山，必须一步一个脚印地攀登，才能登到顶峰。在人生的旅途上，每个人都会遭受挫折，当面对挫折的时候，要勇敢地面对。人生的每一段经历都是成长，虽少不了坎坷曲折，但有苦才有甜。因此，真正的强者，都是坚持到最后的人。

WENHUA FUNENG

文化赋能

第四章

满怀使命感，让个人使命与企业使命统一

企业存在的目的究竟是什么？我们要为客户提供怎样的价值？这些都是企业使命需要解答的问题。企业使命是企业发展的内在原动力，个人使命更能催发个人的"超级能力"，只有满怀使命感，我们才能积极主动地投入到事业当中。而在企业文化的落地中，我们不仅要回答企业使命是什么，更要确保个人使命与企业使命的统一，使二者相互推动，共同完成。

01
为什么个人、企业、社会都必须有使命感驱动

虽然我们总是期待使命对企业力量的强化作用，但必须明白，使命不仅作用于企业，更作用于个人与社会。因此，必须深刻理解使命对企业发展的作用，以及我们该如何获取使命的驱动力。

长久以来，物质成为大多数人追求的终极目标，对个人而言可能是年薪百万、有房有车，对企业而言则是销售额破亿、利润千万，对社会而言则关注各种经济指标。于是，我们逐渐陷入激烈的社会竞争中，甚至将社会竞争看作一种零和博弈，"内卷"也成为近年来的网络热词。

然而，人生价值的衡量尺度绝非物质的多少，而是意义与使命。如果我们每天都在为使命而奋力前行，如果我们的人生充满意义，那又何必仅仅着眼于物质财富的多少？更何况，当我们获得使命感的驱动力时，物质财富的到来往往也是一种必然。

而在对物质或其他短期目标的追逐中，我们或许会获得一段时间的内在驱动力量，但当目标实现时，我们却会陷入迷茫，这种驱动力量也随之消失。

哈佛大学教授泰勒·本·沙哈尔在其著作《幸福的方法》中写道："16岁那年，我在以色列全国壁球赛中夺得冠军。那次经历迫使我有生以来第一次认真思考了'幸福'这个主题。

我曾经深信胜利可以令我快乐，可以缓解我长期以来的空虚感。在长达5年的训练中，我一直感觉生命中似乎缺失了什么……我不快乐，但至少有一条看似行得通的幸福之路，那就是我必须通过身体或心理的艰难与忍耐去赢得冠军，通过赢得冠军获得成就感，而成就感一定能让我最终获得幸福。这就是我的幸福逻辑。

如我所愿，夺冠后我欣喜若狂，那种快乐超乎了我的想象。获胜后我与家人、朋友一起隆重地庆祝。可是就在当晚，狂欢过后我独自回到自己的房间，坐在床上，尝试着在睡前再回味一下那无限的快感。出人意料地，那些喜悦忽然间消失得无影无踪。失落和空虚再次占据了我的内心。我忽然感到迷惘和恐惧，如果在如此圆满的境况下尚不能感到幸福，我又能到何处去寻找那持久的幸福呢？"

在物质极大丰富的今天，越来越多的人开始能够体验这种获得后的迷茫与空虚。看看那些漂泊在北上广深的年轻人，他们几乎是国内最忙碌的人群，他们每天出入城市中心的高档写字楼，月薪过万对他们而言只是起点，但他们却自称"搬砖工""干饭人"，因为在这种光鲜亮丽的背后，其实是对未来的迷茫和对自己的否定。

近年来，使命的概念逐渐传播开来，并对各类企业的运营管理产生重要影响，正是因为我们需要使命的驱动力来应对当今时代。

（1）企业需要找到新的、可靠的方法，为所有相关者持续创造价值，而不只是用利益驱动。

（2）企业家在事业开拓的过程中，需要更强的内在驱动力，也即深层次的个人使命感。

（3）政府希望创建以使命为导向的社会环境，如核心价值观、"中国梦"，从而推动国家发展、社会和谐。

（4）个人希望对其关心的人、事、物产生影响，这种希望就是个人使命。

（5）慈善机构需要围绕其基本宗旨和运作方式为社会创造价值，以免陷入慈善腐败的困局，这同样需要使命来维系。

基于上述需求，我们就应当理解，无论是个人、企业还是社会，我们都有一种与生俱来的能力，那就是形成清晰的想法，并作出明智的决定，为自身所处环境创造价值和意义。而在这一过程中，使命则是一种统一的、全面的信念，它能让个人对人、事、物产生正面影响，并使其在扮演企业人、社会人的角色时更具自信，从而在强大的内在驱动力下不断成长。

02
个人拥有强大使命，才能助推企业愿景

企业愿景是企业发展的目标。然而，即使企业愿景再远大，如果企业成员只是看着眼前的一亩三分地、每月到手的工资、计较哪怕一分钟的"加班"，那企业愿景又由谁来推进呢？

企业愿景是重要的，它可以与任何事情相关，如知识分享、技术创新、改善生活、发展社会、颠覆行业，但企业愿景最重要的功能就是激励企业成员，帮助企业成员明确自己的渴望、改变自己的行为、实现自己的个人使命，进而推动企业愿景的实现。

事实上，人的潜能都是无限的，个人成就的差别其实正是源于其使命是否强大。个人需要使命感的驱动，对企业而言，我们也需要借助个人的强大使命，助推企业愿景的实现。

正如提姆·施密特所说："人们相信伊甸园项目的愿景，你也需要有一个能获得大家认同的愿景。我认为，如果你想让他人为你的愿景买账，你就必须向他们描述他们梦想到达的地方，而且要让他们深信确实可以到达。你的愿景不只是你的愿景，而应该成为每个人的愿景。"

我们的时间几乎都已经被三等分，一分在休息、一分在家庭，还有一分在工作。工作是员工获取收入的重要来源，也是员工实现个人使命的重要场合。个人

在职场能获得的不仅是物质财富，也有精神财富，而企业要做的，就是为员工打造这样的平台，从而激发个人强大使命。

1. 让物质不再成为束缚

在商品经济时代，每个人的使命都被物质所束缚，在强大的经济压力下，个人使命的实现通常也无从谈起。因此，作为员工最重要的收入来源，企业必须建立一套完善的"以人为本"的薪酬机制，充分考虑员工的物质需求，让物质不再成为员工实现使命的束缚。

诺基亚就制定出了一套真正"以人为本"的薪酬奖励制度，让员工感觉到企业的重视以及薪酬奖励的公平性。

（1）诺基亚开创了IIP（Invest In People 人力投资）的管理模式，管理者每年必须与每个员工开展两次深入的谈话，谈话的主要目的是评估分析该员工的工作绩效和工作能力，并给予其相应建议、培训以及调动。借助IIP模式，每个员工都能在管理者的帮助下实现个人的持续成长。

（2）诺基亚引用了"诺基亚员工的平均薪酬水平/行业同层次员工的平均薪酬水平"的比率公式，比率越高则代表诺基亚的薪酬竞争力也就越大。通过这一计算公式，企业就能在充分认识到行业内薪酬水平的基础上，保持企业的薪酬优势，让员工的薪酬处于较高水平。

（3）诺基亚通过KSM（重要员工管理）为重要员工提供"特殊待遇"，即按照员工评级给予相应的高比率薪酬，让员工的优秀在薪酬上得到体现，除此之外，当然也包括其他一些"特殊福利"。

除此之外，诺基亚在每个国家都会结合当地的传统习俗，为员工发放节日福利和生日福利。虽然这些现金福利通常维持在100～600元人民币的较低水平，但却能表现出诺基亚对员工的尊重和关怀。

薪酬机制并非简单地发放工资，相反，作为员工物质财富的主要来源，合理的薪酬机制也可以发挥激励员工成长和给予人文关怀的作用。从物质财富的角度考虑，薪酬主要满足了员工的三大需求。

（1）生存需求。企业薪酬机制的最低要求就是满足员工的生存需求。这也是每个城市最低工资标准的存在意义，只有满足最低工资标准，员工才能正常生活，而不至于吃不饱穿不暖。

（2）安全需求。如果薪酬只够最低的生存需求，那面对生活中的各种不确定风险，员工也难以感到安全。因此，在薪酬之外，企业还需要不断完善保险机制，通过五险一金以及补充保险、定期体检等手段，满足员工的安全需求。

（3）社交和尊重需求。除了生存之外，员工同样拥有各种社交需求，平时的聚会、电影和消费，都需要金钱作为支撑；与此同时，在当今社会，收入水平很大程度上决定了一个人能否受到尊重。因此，在满足员工的社交和尊重需求方面，绩效考核带来的"超额收入"，则能够作为必要的物质基础。

2. 激发个人的强大使命

足够的物质财富，是员工追求个人使命的基础；但要激发出个人的强大使命，企业还需要从精神财富着手，关注员工的价值实现需求，让员工在实现自我价值中发挥更强的能动性。

（1）自我实现需求。人们都有自我实现的需求，希望能够实现自身的价值，而非只是吃饱穿暖、过完一生。而在今天，大多数的价值实现都在职场中，因此，企业需要主动了解员工的实际能力，为其提供相匹配的职位，或是给予能力发挥的空间。另外，企业也要建立完善的培训和晋升机制，为员工的自我实现铺平道路。

例如，宁波宝新不锈钢有限公司为了帮助员工实现自我价值，采取了以主创员工的姓名命名新型操作技术的方法。早在2004年，宝新就正式推出了第一个以员工姓名命名的新型操作技术——"肖文茂点检标记法"，肖文茂发明的这一标记法极大地提升了不锈钢的检验效率。在之后的短短一年间，宝新涌现出10余项新的操作技术，这些新型技术发明者的姓名也随之在行业内流传。

（2）快乐需求。每个人都想要快乐，但枯燥的工作会给员工带来较大的工作压力。为此，企业不仅要营造一个轻松、和谐、积极的工作环境，让员工的工作压力得到纾解；更要关注员工的个人使命，让员工为了个人使命而工作，从而真正感受到工作的快乐。

（3）平衡需求。一般企业的工作时间虽然是8小时，但工作占用员工的时间却往往远远不止8小时，如常态化的加班或不下线的微信端。这也常常造成工作与家庭、休息之间的失衡，员工没有时间陪伴家人，也没有时间休息，对此，企业也要平衡工作时间，尽量不让工作与家庭、休息发生冲突，甚至是主动邀请家庭成员参观公司，或是在职场打造休息室。

3. 尊重员工需求才能激发员工使命

无论是物质财富还是精神财富，其背后的逻辑其实都是尊重员工需求。当员工的个人需求不被重视时，员工当然不会产生使命感，更加不会为企业愿景而奋斗。

在企业环境下，高层管理者天然占据强势地位，虽然他们付出的资源和辛劳可能比员工更甚，但"权力越大，责任也就越大"。高层管理者要背负的，首先不是对客户的责任，而是对企业员工的责任，只有尊重员工个人的需求，企业才能赢得员工认可，并最终实现个人使命与企业愿景的平衡。

字节跳动管理员工，采取的是让员工自己设立目标的方法。只有把自主权交给员工，员工才能自己作出决定，自己完成自己设立的目标，而不是被人推着往前。在这个过程中，员工被认可和尊重的需求得到满足，他也会更有使命感。

在实践中，员工对工作总会有各种各样的不满，诸如加班多、工资少、没意思……但在高层管理者的重视下却可以成为个人使命与企业愿景间的"填充剂",让员工在追求使命的过程中,助推企业愿景的实现。

03
企业拥有更强大使命,才能更好参与竞争

企业发展的动力和目标到底是什么?或者说,企业究竟为何而生?这就是企业使命需要解决的问题。

很多企业家仍然将答案归纳为利润。确实,在如今这个竞争激烈的市场环境下,大多数企业都将利润看作企业生存和发展的根本动力。然而,利润真的就是企业发展的动力和目标吗?

企业家们是否曾经有过这种感受:经过辛苦的努力,你终于实现一个重要目标,如年销售额破亿、利润破千万,但在经过一阵狂喜之后,这份喜悦并没有你预想中的持久,很快又陷入迷茫;尤其是当企业发展进入瓶颈,我们的销售额、利润额都触及天花板,企业的未来又在何方。

利润,确实是企业生产和发展的重要动力和目标,但它并非终点。事实上,利润的增长,也不过是实现使命的一种手段或是一种附属产物而已。

伴随着企业使命的重要性越发凸显,当市场环境日新月异、企业间竞争越发激烈,国家也开始关注可持续发展与企业的社会责任,企业家在追求利润增长的同时也必须要关注到:企业在实现利润的同时,如何全面提升人的生活质量,进而促进员工的全面发展?而在企业的生存和发展中,企业使命又能产生多大的效能?

事实上,企业使命才是企业发展的核心动力和手段。企业家必须认识到,企业发展的终极目标,必然在于企业使命的实现,在企业使命的语境下,利润只占

很小的部分，它更多是关于人的发展以及人的需求与价值的实现，乃至社会的发展和社会责任的践行。

2020年7月，马斯克首次超越沃伦·巴菲特成为全球第7大富豪，而在短短半年之后，伴随着特斯拉股价的飙升，马斯克以1950亿美元的个人净资产超越贝索斯成为新晋全球首富。

虽然获得了财富上的极大成功，但真正驱动马斯克创办特斯拉、SpaceX（太空探索技术公司）、SolarCity（太阳能公司）、The Boring Company（地下隧道公司）等众多顶尖企业的使命，却绝非财富。毋庸置疑，马斯克的做事方法与发展路径，与历史上所有企业家都大不相同，他的终极目标跳开了商业的基本目的，直到SpaceX用猎鹰重型火箭将特斯拉跑车送入太空时，我们才终于认识到，马斯克所做的一切都是在打造新时代的"诺亚方舟"，而其最终目的地则是火星。

马斯克的所有设想看似天马行空，他的商业布局看似毫无关联，但细究下来却都统一在一个逻辑里。马斯克确实为企业赋予了相当强大的企业使命，几近于遥不可及的梦想，但却切实地为人们创造了有效的实现途径，这些实现途径本身甚至可以产生相当的商业价值。

这就是强大使命为企业带来的伟大力量。在更强大的使命下，企业无须局限在传统的商业逻辑里打转：汽车为什么必须是燃油的？汽车为什么必须要仪表盘？火箭怎么就不能回收重复使用？

在使命感的驱动下，企业可以更好地参与竞争，甚至跳出传统的竞争窠臼，在红海市场中开辟出一片属于自己的蓝海。

企业的发展有诸多目标，但很多企业却常常会忽视这些目标代表的含义，并将使命与任务、愿景及价值观混为一谈，因而导致企业在运营过程中对资源进行错配，并因目标的混乱而失去市场竞争的能力。

（1）任务是企业的着力点。任务是指企业发展的着力点，是基于企业的专长形成的。简单来说，使命回答的是为什么的问题，那任务则解决了企业具体该如何做的问题。任务必然因企业使命的引导而产生，而非因市场、竞争或其他外部因素而生。

（2）愿景是企业发展的目标。愿景回答的则是关于企业未来是什么样的问题，它或许仍然十分遥远，但却是企业切实追求的目标，也是企业使命的必然要求。

（3）价值观是企业行为的指南针。价值观是塑造企业文化的核心内涵，解答了关于企业怎么做的问题，企业的各种行为都是为了落实企业使命，但要让企业成员明确自己究竟该怎么做，尤其是当企业尚未制定明确的制度方针时，这就需要企业价值观给出答案。

事实上，一旦企业形成强大使命并赢得员工认可，那么，企业就将拥有自觉自发的成长力，即使管理层换届，企业使命也将带领企业继续前行。

这就是强大企业使命的终极效用。当企业使命融入企业血脉，那么，企业的发展也将不再因人而废，无论管理层如何变动，企业也都将自发前行，秉持企业使命更好地参与到市场竞争当中。

04
个人使命是什么，他理解的企业使命就是什么

企业使命是企业竞争力的重要来源，为了充分发挥使命的助推力量，很多企业决定将使命融入绩效管理当中，将使命转化为业绩，以绩效助推业绩，再在业绩的提升中实现使命。

在绩效管理盛行的今天，绩效已经成为企业每年、每季甚至每月都要谈及的

重要问题。在一次次的大会上,当管理者慷慨激昂地宣布下一阶段的绩效计划时,员工的热情似乎都被点燃。但最终我们却可能发现:年年制定的任务,无论是月度、季度或是年度任务,永远都完不成。

无论是企业的发展或是使命的实现,都需要业绩的支撑,业绩也是企业发展目标的重要一环。为了实现业绩的增长,企业通常会制定各种各样的业绩目标,采取绩效管理的方法。但此时,企业大多也会忽略这样一个问题:你想要的业绩,也是员工想要的吗?或者说,企业想要的企业使命,也是员工理解的那样吗?

以业绩推动使命的逻辑当然没错,但企业却忽略了一个问题,企业有企业的使命,个人也有个人的使命,在这种情况下,企业的每个成员都会根据个人使命来理解企业使命,更进一步地,每个人对企业文化的理解也都源自个人经历。

华为的企业使命是"把数字世界带入每个人、每个家庭、每个组织,构建万物互联的智能世界",而在"万物互联"的使命下,华为首先关注的就是实现企业内部的"万物互联",将所有企业员工凝结在一起,秉持着企业使命共同奋进。

在现代社会,员工的团队合作精神问题成为众多企业的发展难题,而华为却大胆地采用了矩阵式管理模式,要求企业内各职能部门相互配合,并通过互助网络对各种问题作出快速反应。

在一般企业内,这种模式很容易暴露出它最大的弱点:多头管理、职责不清。但在华为内部,各部门间相互配合的效率之高却令客户惊叹、让对手心寒——华为从签合同到实际供货只需短短4天时间。

华为能实现这样的效果,离不开被称为"魔鬼培训"的培训体系,很多华为新员工甚至将这样的培训过程看作一次再生经历。在这样的培训体系下,华为的企业文化也深深地印刻到了每个员工的心里。

华为的所有员工都必须经过培训且合格后才能上岗,多年来,华为不仅建立了自己的培训学校和培训基地，甚至搭建了网上学校为全球各地的华为人提供培训。

华为的培训体系主要包含3个模块：上岗培训、岗中培训、下岗培训。

1. 上岗培训

上岗培训的对象主要是应届毕业生，而对这些初出茅庐的新人而言，华为上岗培训的时间之长、内容之丰富、考评之严格，无异于一次"炼狱经历"，员工不仅要学习企业文化、技术和营销理论，甚至要进行车间实习、市场演习和军事训练。

2. 岗中培训

针对市场人员，华为为了保证整个销售队伍的激情与活力，还形成了一套完全针对个人的岗中培训计划，通过有计划地、持续地学习充电，让市场人员及时了解通信技术的新发展、市场营销的新方法和公司销售的新策略、企业文化的新内涵。

3. 下岗培训

即使因为种种原因，华为员工不再适合本岗位，华为也会为其提供下岗培训，帮助员工强化岗位所需的技能和知识，以适应岗位需求。如果员工经过培训仍然无法适应原岗位，华为也不会放弃员工，而是为其提供新的职位及对应的技能与知识培训，帮助他们继续成长。

企业使命要得到企业成员的认可，就不能只是从自身需要出发，而要关注每个企业成员的个人使命。

企业使命要得到个人的理解，这其实更多关于企业使命的宣导问题，因为企业使命必须符合社会主义核心价值观，适合社会发展、社会道德和社会责任，这样的企业使命当然可以找到与个人使命的结合点，而关键则在于企业与个人的相互认同。

无论是个人使命还是企业使命的实现是一个长期的过程，并非一朝一夕即可完成，这一过程的推进需要"大家"的共同努力。为了将全体员工拧成一股绳，企业一方面要细化、明确各自的任务，让企业的各项政策可以落地；另一方面也要激发员工的参与热情，从员工那里汲取决策智慧。

只有如此，企业才能真正成为一个领导者与员工和谐相处的"大家庭"。在这个"大家庭"里，企业是遮风挡雨的港湾也是乘风破浪的帆船，管理者作为"大家长"给予成员以指导、照顾和支持，而"家庭成员"也需奋斗努力，不断为"大家庭"的成长贡献力量。

05
如何在企业使命中找到个人的使命

企业需要更强大使命才能更好地参与竞争，个人也应当找到自己的使命，只有如此，我们的人生才能在更高的追求中拥有意义与快乐。但身在职场的个人，往往却因为企业的强势地位及其组织能力，必须服从于企业使命，这就容易导致个人与企业的对抗。而要解决这一问题，就需要企业关注员工个人使命，丰富企业使命的内涵，并帮助员工在企业使命中找到个人使命。

很多企业都建立了"员工关怀中心"，这一中心的核心任务就是帮助员工制订个人职业生涯规划。在新员工进入公司时，部门主管就会与员工开展深入谈话，了解员工的全面信息，包括员工的兴趣爱好、能力素质、工作背景等，并在此基础之上，帮助员工制订出一个明确的职业发展规划，引导员工确定自身的发展方向。

根据员工的发展阶段，企业还会为其量身制定发展策略。这套发展策略的制定标准通常需要结合三个方面进行考量，其一是员工的个人使命，其二是岗位的职责需求，其三则是企业的使命与战略。

只有当员工的工作具有意义和快乐，并能发挥出员工的能力优势时，员工的个人使命才有可能实现，企业才会由此实现业绩剧增，进而实现企业使命。知名企业如胖东来等都对员工的关怀极为贴心。

为此，企业就要担任员工实现个人使命的教练，熟练使用 MPS 方法。

1. MPS 方法——寻找有意义的工作

所谓 MPS 方法，就是寻找意义、快乐和优势的方法。顾名思义，MPS 就是帮助人们找到意义、快乐和优势的交集，让个人在企业使命中找到个人使命。

MPS 方法的核心就在于三个问题。

（1）什么对我具有意义？

（2）什么让我感到快乐？

（3）我的优势在哪里？

个人在为每个问题确定自己的答案，并找到其中交集后，就可以着手在企业使命中找到个人使命。

举例而言，一个人写下的答案如下。

（1）什么对我有意义？解决问题、写作、帮助孩子成长、社会活动、音乐。

（2）什么让我感到快乐？航海、烹饪、阅读、音乐、和孩子在一起。

（3）我的优势在哪里？幽默感、热情、与孩子沟通、处理问题。

这三个答案最直观的交集就是孩子，也就是说，与孩子相关的工作，更容易帮助他实现个人使命。但除此之外，是否还有其他交集呢？比如"解决问题＋航海＋处理问题"，那么，海员是否也是一个途径呢？比如"写作＋阅读＋处理问题"，是否能够得出图书编辑的答案呢？

需要注意的是，在引导员工做这个实验时，一定要让员工谨守本心，而不是随意回答。因为在看到问题之初，脑海中可能会瞬间出现多个答案，但到底哪个答案才能反映出自己的内心，却需要经过深思熟虑。

比如在回答"什么对我具有意义"时，员工可以尽量写下更多的答案，回想那些让自己感到有明确目标感的事情，并进一步反思，确定其中真正具有意义的事情。

2.反向 MPS 方法——重新分解工作的意义

然而，纵使对每个问题的回答都经过深思熟虑，但在对答案进行分析之后，关于每个员工个人使命与企业使命的结合点，我们找到的仍然不是唯一答案。

因为个人对工作的选择是有限的，企业使命的内涵也并非无限的。人们确实有选择工作的权利，但在多数情况下，可供选择的选项其实并不多，如果企业使命中根本没有符合 MPS 标准的内涵呢？此时，我们就要找到自身与职位的契合点，从而在企业使命中挖掘出个人使命。

比如医院清洁工这样的工作，大多数人都会觉得它既无聊也没有意义，也不存在能力问题，也就是说，这份工作完全不符合 MPS 标准，很难谈得上个人使命的问题。但换个角度想想呢？

如果医院清洁工不能做好医院的清洁工作，医院是否能够正常运转？病人是否能够顺利康复？这难道不就是医院清洁工的意义吗？当医院清洁工与其他员工或是病患沟通交流时，是否能够获得一些医学知识？或是听到一些趣闻呢？这样的沟通不也是快乐的吗？

正是因为找到了工作的快乐和意义，人们才能找到自身的价值，并将个人使命与企业使命相统一，避免陷入幸福难寻的困境。要知道，幸福并不取决于拥有什么，而是取决于我们用怎样的视角看待生活。

正如爱默生所说："对于不同的头脑，同一个世界，可以是地狱，也可以是天堂。"我们选择的注意点是什么，往往就决定了我们对工作的享受程度；我们能从企业使命中挖掘到怎样的个人使命，往往也决定了我们工作中获取的成就。

因此，在学会MPS方法之后，我们完全可以反向运用MPS方法，借助MPS方法对工作进行分解：这份工作的意义在哪？怎么做这份工作能够让我快乐？我的能力在这份工作中能够如何发挥？企业使命是什么？与我的追求是否有重叠？

员工完全可以借助MPS方法主动塑造自己的工作。在列出自己的MPS清单之后，员工可以进一步作出一份"工作描述"，详细描述出自己的日常活动，在相互比较中，询问自己两个问题。

（1）你是否能改变这些常规内容，增加一些具有意义和快乐的工作？

（2）在不作任何改变的前提下，你能够挖掘出工作背后潜藏的意义和快乐吗？

在找到答案之后，员工就可以把"工作描述"改变为"使命描述"，对那份枯燥乏味的日常活动清单进行改写，赋予它们更多的意义和快乐。

哈姆雷特说："事情没有好坏之分，只是取决于你如何看待。"现实在大多数情况下都是如此，员工如果能够运用MPS方法看待自己的工作，就能找到其中的意义和快乐。

当然，在现实生活中，往往也存在这样的情况：员工无论换了多少个角度看待自己的工作，都无法找到其中的快乐或意义；工作确实被改造得具有快乐和意义，但因为管理者的专制或是工作氛围的恶化，个人使命的实现也不具可能。如果真的遇到这样的情况，那么，员工就要勇于向上反馈与交流，即使无法改变，为了个人使命的实现和自我价值的创造，摆在我们面前的选择也无非是调岗、离职而已。

06
如何在落地个人使命时完成企业使命

很多企业的使命都十分远大，总是关注社会、世界、未来这样的宏大命题。但企业终究是由千百个体组成，脱离员工基础的企业使命就如无源之水，难以在市场竞争中绽放色彩。

企业使命是所有成员个人使命的集合，这不仅是企业使命的本质，也是企业获取使命助推力的根本方式。员工需要在企业使命中找到个人使命，企业也要在落地个人使命时完成企业使命，只有当双方使命统一时，才能成为对方的助推力。

1. 构建和谐幸福企业

企业的最终愿景必然包含构建和谐幸福的企业，和谐幸福的实质是指在和谐的企业氛围下，通过满足企业成员（包括员工和管理者）不断成长和自我实现的需求，提升企业成员及企业的幸福感，实现各方使命。

正如泰勒所说："如果能够增加员工的幸福感，哪怕就是增加1%，企业一定会提高劳动生产率，能够提高创新能力。员工的工作满意度增加，意味着员工的忠诚度和奉献精神在增加，员工只要更幸福，就肯定是一支更有能量和力量的团队。"

和谐幸福企业倡导的就是"以人为本"，关注和重视企业成员自我满足的需求，让企业成员在获得富足物质生活的同时，也能够实现幸福人生。因此，在和谐幸福企业中，企业和管理者及员工之间不再是简单的劳动契约关系，而是一种相互依存、自利利他的心理契约关系。

我国知名企业胖东来，就在这方面做得非常好。胖东来一直致力于优秀、进步、独立个性的企业文化建设，培育员工的信仰。通过多种方式推动员工更好的追求，向顾客传递爱与幸福。这样的文化，自然就造就了胖东来的特色，营造出和谐幸福的氛围。

具体而言，从构建和谐幸福企业的角度出发，我们就要抓住以下五大要点。

（1）以人为本的文化。在幸福企业中，当企业遵循以人为本的原则时，企业、管理者和员工之间就能相互依存、和谐发展、相互信任和互相尊重，最终形成一种开放高效的企业文化。

（2）良好的工作环境。提供良好的办公环境是企业运营的基本前提，但在使命落地的语境下，良好环境不只是良好的休息、餐饮等设施，也包括合适的办公桌椅、办公空间等，让员工可以在良好的工作环境下尽情投入工作。

（3）和谐的工作氛围。基于统一的核心价值观，企业应当尽力营造和谐的工作氛围，让企业成员感受到工作的意义，并专注在工作本身，从而激发出更强的工作热情和创造潜力。

（4）工作与生活的平衡。工作与生活不应被明确隔离，这并不意味着工作要无节制地侵占员工生活时间，而应当合理安排工作时间，尽量避免加班，经常举办各种企业活动，并鼓励企业成员家属参加。

（5）发展的机会和平台。企业成员都需要发展的机会和平台，实现自身的成长和进步，因此，企业应当鼓励员工发挥特长，并为其提供充分的培训机会。

2.分享使命的实现成果

企业的业绩增长、使命实现，都需要企业、员工和管理者的共同努力。然而，当真正创造获得一定成果后，企业、员工和管理者之间又是否能够共享呢？如果大家的利益本就冲突，或企业、管理者独占使命成果，那必将造成个人使命与企业使命的"双输"。

如今，很多员工之所以对绩效考核"不买账"，正是因为在他们看来，他们创造的价值与得到的回报完全不成正比。毕竟，如果员工一年创造了一百万元的收益，却只能到一两万元的奖励，那大概没有员工会接受；当员工的个人使命无法由此实现，企业使命当然也就无从谈起。

因此，想要企业"大家庭"的目标协调一致，企业就要遵循共创共享的原则，让员工与企业和管理者真正站在一条船上。

沃尔玛每个工龄超过一年且每年工时超过1000小时的员工，都能参与到沃尔玛的利润分享计划中。所谓利润分享计划，就是根据沃尔玛当年实现的利润总额，按照员工工资的一定百分比，进行员工分红计提。这份分红会被保留到员工离职或退休，届时，员工可以选择以现金或股票形式提取分红。

这份利润分享计划从1971年就开始实施，当时的计提比例虽然只有6%，但在计划实施的第二年，沃尔玛就与128位员工分享了总值17.2万美元的利润额。员工的分红增长了，自然愿意更积极地工作，员工服务质量也随之提高，消费者就更加愿意到沃尔玛消费。

由于沃尔玛一直保持高速的发展态势，员工都选择了将这些分红用于购买沃尔玛的股票。这就意味着，在利润分享计划中，沃尔玛无须拿出过多的流动资金，而为了自身利益，员工则更加愿意通过自身努力推动沃尔玛股价的增长。

在利润分享计划大获成功后，沃尔玛又针对商品短缺问题，推出了成本分享计划。每个超市都会遇到商品短缺问题，这里的短缺并不是指供货不足，而是指商品的失窃，由于消费者的偷窃或者是员工的"监守自盗"，超市每年都有一笔数额可观的损失。

为了有效地解决商品短缺问题，沃尔玛就提出了减少商品短缺的成本分享计划，每个分店因为减少商品失窃而节约下来的成本，都会被分享给该店员工。这样，公司的利益再次与员工的利益合而为一，员工都积极地对商品进行监督，沃尔玛就这样拥有了行业内的最低商品失窃率。

企业想要让员工个人使命助推企业使命，就必须要实现员工与企业的利益共享,只有如此,才能让员工产生"主人翁"意识。否则,企业对员工而言永远只是雇佣者而已,员工的内心想法也会停留在:"钱又不是我的,企业赚了也不会多分我多少,亏了也不会少了我的钱,真要倒了,我大不了换一家。"

3. 警惕"乌托邦"陷阱

企业家的目标应当是创建和谐幸福的企业,但企业家也不能就此忽视利润的重要性,或陷入"乌托邦"陷阱,使企业失去增长活力。

无论如何,利润仍是企业运营的直接目的和持续发展的必要手段,与此同时,物质基础也是企业成员追求使命的重要支撑。

因此,当谈及和谐幸福企业或企业使命时,很多企业家或许会疑惑:企业究竟应该将企业使命融入绩效考核中,追求更大的经济效益?还是以人为本,将企业员工的个人使命作为企业追求的目标?或是专注那些宏大命题,以世界和平、万物平等为己任?

正是因为这种疑惑,有些企业甚至会在走向极端,将远大的企业使命当作企业主要运营目标,而忽视了企业存续的必要基础,最终打造出类似"乌托邦"的企业。

在20世纪80年代,美国冰激凌企业Ben&Jerry's就以社会责任著称,企业不仅关怀社会弱势群体、关注世界环境保护,主动承担各种社会责任,而且将员工利益放在首位,甚至为此推行"5∶1"的薪酬制度,即最高工资不得超过最低工资的5倍。如此一来,这家企业的员工确实都很幸福,但执掌企业的CEO却很痛苦,因为他们的薪酬总是远低于同行水平。企业CEO不断更换的结果就是,该企业最终因经营不善被联合利华收购。

无论是追求怎样的使命,或是肩负怎样的责任,我们都应当明白,企业运营不是打造"乌托邦",如果没有足够的利润作为支撑,企业甚至难以维持自身的生存,更不要说在企业内做到以人为本并实现员工使命乃至那些宏大命题了。而在落地员工个人使命的过程中，企业要作的并非直接给予支持，而是借助使命的助推力，引导员工在自我管理中实现成长，并助推企业使命的实现。

企业使命是每个企业都应当明确坚持的动力和目标。然而，这个目标的实现，绝非依靠企业或管理者单方面即可实现，而是需要所有成员的共同努力。因此，要在落地个人使命时完成企业使命，企业就要用愿景描绘企业征程、用幸福统一各方诉求、用共享建立共同利益，最终引领所有成员共同成长。

07
三度集团个人使命与企业使命如何统一的

三度集团作为中国民企实效商学平台，致力于为中国民营企业在新时代转型升级提供实效解决方案，通过实效经营管理课程、落地咨询辅导系统、产业资本助推等服务体系，帮助中国民营企业实现转型升级，全力打造成为中小微企业首选商业管理学院。

作为企业培训行业的知名品牌，三度集团拥有丰富的资源与入企落地实战经验优势，而在关于个人使命与企业使命的统一问题上，三度集团也有其独特技巧。

在三度集团看来，使命的一个重要作用就是为组织带来身份认同："这的确是一份伟大的事业，我们深信不疑。"具体而言，身份认同的作用体现在三个方面。

（1）使员工感到特殊性，并为此而骄傲。

（2）增强员工自尊感，以及社会责任感。

（3）使员工形成自信，相信这份事业将给他带来成功。

个人使命与企业使命的统一，就是要让企业使命包含个人使命，并让个人因企业使命的伟大而骄傲。因此，三度集团提出了一句掷地有声的宣言："为什么别人认为你的事业不伟大，是因为我们自己觉得不伟大；为什么别人不觉得你的事业骄傲，是因为你自己不骄傲！"

在个人使命与企业使命的统一中，三度集团也确定了明确的流程和落地方案。

1. 企业使命的制定流程与方法

企业使命必须得到企业成员的认可，并包含企业成员的个人使命，确保个人可以在企业使命中找到个人使命，企业也要让个人使命的落地成为企业使命的助推力。因此，企业使命的制定就需要经过深思熟虑。

（1）确定使命制定人。很多企业会邀请企业文化工作者帮助制定企业使命，甚至有的企业直接照抄其他企业的使命内容。但这样制定出来的使命既无法完全匹配企业需求，也难以得到员工认可。

在制定企业使命时，企业必须明确一个基本原则：由对企业负最终责任的人担任使命制定者。这不仅是因为其本身负有最终责任，更是因为他才能真正结合企业情况诠释企业使命，而企业文化工作者则只能作为专家提供技术支持。

（2）刨根问底挖掘使命。为了挖掘出潜藏的企业使命，企业可以采取刨根问底的方法，通过一连串的"为什么"，找到企业使命的真正内涵。为此，企业可以先描述一个产品或服务，然后刨根问底找到该产品或服务肩负的使命；再描述另一个产品或服务……在这样的重复中，使企业使命逐渐清晰。

2. 企业使命的落地应用

为了强化企业使命的效果，激发员工的工作热情，三度集团主要通过以下几种方式进行企业使命的落地应用。

（1）创始人宣讲。创始人讲述自己的初心、经历，让员工了解企业为何而来、向哪前行，以及其中的原因和背后的逻辑。

（2）高管宣讲。高管针对创始人的宣讲讲述自己的想法，站在同行者的角度支持创始人，从而营造相应的氛围，引起情绪感染。

（3）福利待遇。物质是个人使命的基础要求，企业必须确保相应的福利待遇，或将之与使命相挂钩，从而形成直接的激励效果。

（4）参与社会公益活动。无论是个人使命还是企业使命，都需要在与他人、社会的交互中不断强化、形成认同，因此，企业应当组织员工主动参与社会公益活动。

08
给自己种下冠军的种子

卢钰玲有几个独特的称号——"钰玲老师""能量女神""知心姐姐"，1990年出生的她总是能够赢得客户和伙伴的认可，而在这背后，则是持续的学习与成长。

卢钰玲说，在这5年里，她最不后悔的一件事，就是选择了三度。在这里，她的各种能力，如沟通能力、演说能力、学习能力、销售能力等得到锻炼和提升。

从一名销售小白，慢慢成长为总监、辅导老师，直到如今成为上海公司的运营副总，卢钰玲这一路走来从未间断学习。在三度，给她印象最深刻的就是2018年9月，当时，由于个人私事，卢钰玲就请假了几个月，但是当她回来时，却有一位新同事因为刚拿下月度销冠表现得十分得意。虽然卢钰玲向同事表示了恭喜，但她却暗下决心："下个月我一定要当冠军，超越你。"

卢钰玲本就对荣誉十分看重，而且公司当时还做了"奖车计划"，这就给了她更强的动力——她本在 2018 年初就计划买一辆 20 万元左右的车。奖励计划一经推出，卢钰玲第一时间就去看了车，并和心爱的车拍了合照——她认定了这个奖励。

卢钰玲知道，自己要对自己吹过的牛负责，自己要捍卫自己的目标。为此，卢钰玲把目标做了具体分解，比如要开发多少新客户、服务多少老客户，如何让客户作升级、作转介绍。如此一来，卢钰玲的目标变得特别清晰，而接下来要作的就是执行而已。

卢钰玲至今仍记得那个月，她独自一人坐高铁到江西上饶，只为去帮一个支持她的老客户做招商会。在活动现场，卢钰玲忙前忙后，帮他们签到、接待客户、服务客户，最终招商会圆满成功。而作为回馈，这位老客户又给卢钰玲介绍了两位客户，经过后续不断跟进，这两位客户也都参加了三度的培训课程，一个是加入核心圈，一个加入了战略合伙人。总之，一切的付出都是值得的。

当时，还有一位卢钰玲成交过的客户，为了赢得她的转介绍，卢钰玲陪她一起参加《正道领袖》课程，陪她一起走了夜行军，在 40 多千米的行进中，卢钰玲最终与她建立了亲密的感情，两人几乎是一路搀扶走到终点，在那一刻她们就是最亲的人。

像这样的故事还有很多很多，在捍卫目标的路上，卢钰玲从来没有停止过。也正是因此，自 2018 年 9 月回到三度之后，卢钰玲连续三个月分别实现 44 万元、60 多万元、87 万元的个人业绩，最终成为集团的个人冠军。

为什么卢钰玲总能够创造这样的成绩？正是因为在前行之初，卢钰玲给自己定下了前进的目标、给自己种下了冠军的种子。正如卢钰玲常常提到的：当你下定决心要去干这件事，你就一定可以；只要你足够努力，老天都会助推你。而当你获得了这一切，也要时刻怀有一颗感恩的心，感恩身边的每一个人。

WENHUA FUNENG
文化赋能

第五章

如何让企业文化和制度更有效落地

每个企业都有一个软肋，一触即痛，那就是企业文化；每个企业也都有其筋骨，动辄伤筋动骨，那就是企业制度。当千百人聚集在一个企业，形成一个组织，我们究竟该如何凝聚团队、统一思想、协同进步？只有一个答案——优秀的企业文化。而企业文化要落地，就必须要以制度为先，文化要软、制度要硬，正如再坚忍的精神也需要一个强健的体魄，只有当二者结合在一起，企业才能构建起一个"有血有肉"的整体。

01
文化要落地，制度必先行

长期以来，很多企业之所以忽视企业文化的建设，正是因为企业文化本就是一个较为抽象的概念，是企业在发展过程中形成的一套理念和规范。它看不见摸不着，却又是组织内约定俗成的；它可能没有明确的文字阐述，但却是企业员工共同认同和遵守的。

无数企业都将"以人为本""客户至上"作为企业文化，但究竟该如何以人为本、怎样客户至上，企业有哪些政策支持、有哪些措施保障，又有哪些规范约束？企业文化的落地，必然需要企业制度的配合，否则，企业文化会成为一句空话、套话。

与之相对地，企业制度则是一个相对具象的概念，白纸黑字的规章制度、行为准则，是一种看得见摸得着的管理办法。当企业能够借助相对完善的制度长期规范员工的行为时，员工就会逐渐形成相应的行为习惯，最终这种习惯也将内化为员工的自我约束。

在杜邦公司众多荣誉中，"全球最安全的企业"显得十分特别，而这其实源自杜邦从文化到制度上对安全的重视。杜邦公司认为，"工作中有很多消极因素都只能弱化而不能避免，但安全事故则不同，它是完全可以避免的"。

在杜邦的生产车间里，我们可以看到各种安全提示："请勿吸烟""请勿奔跑""进入车间必须佩戴安全防护用品"……杜邦还鼓励员工发现安全问题并提出建议，一旦建议被采纳，企业就会给予相应奖励。

杜邦每周都会召开一次员工安全会议，其主旨就是找出工作和生活中可能存在的安全问题，并交流其解决方法。在公司的安全规定中，甚至还有一条"驾驶请使用安全带",以帮助员工从日常生活开始养成安全习惯。

杜邦每年都会对分公司颁发"安全奖",而要得到这一奖项就需要保证公司每年安全事故发生数为零!其中,杜邦上海分公司从1986年成立至今,已经获得了23次"安全奖"。

一位杜邦(中国)的员工就曾评价道:"刚毕业的时候经常跳槽,工作换来换去。杜邦是我进入的第一家知名企业,我却已经在这儿工作快6年了,这都是因为杜邦安全的工作环境,杜邦是真正地关心员工,而且考虑到了各种细节。现在我每次过马路都比以前注意很多,也不会选择在餐厅二楼看风景而是坐在一楼靠门的地方。我妻子就说我自从进了杜邦,越来越没胆了,其实我只是更注意安全了。"

很多企业管理员工的手段,一靠领导者威权,二靠企业制度,但在企业管理中发挥作用最强的其实是企业文化。虽然润物无声,但企业文化的影响却深远且持久。

在企业运营中,软性的企业文化确实可以抢占心智、引导思想,但我们却需要硬性的手段先将文化传播出去,这就是制度先行的必要性。

企业制度具有规范行为、激励团队的作用,当员工尚未理解或认可企业文化时,强硬的企业制度,能够通过约束员工行为,避免员工破坏企业文化,久而久之,在践行企业制度、感受企业文化的过程中,员工也会逐渐认可企业文化。

与稻盛和夫并称为"经营之神"的松下幸之助创造了许多先进的管理制度,而其中最负盛名的则是松下的"21条铁律",它不仅让松下得以位列世界500强,更培育了员工的忠诚度和责任感,我们可以从中感受制度与文化的关联性。

(1)我们要告诉员工其职位在公司中所处的层级,并针对员工的工作表现,定期对其进行评估。

(2)员工获得了怎样的成就,我们就给予其怎样的奖励。

（3）当公司制度发生变动时，我们应事先进行公告。

（4）制定与员工相关的决策或计划时，我们需要邀请相关员工一起探讨。

（5）要赢得员工的信任和忠诚，我们首先要信任员工。

（6）积极与员工进行沟通交流，了解员工的兴趣爱好、工作习惯、忌讳等信息。

（7）员工提出建议时，我们要善于倾听。

（8）当员工在工作中明显表现异常时，我们应主动地去了解原因。

（9）我们要主动地让员工知道自己的想法，但注意语气要委婉。

（10）当我们对员工作出要求时，要告知员工这样做的原因。

（11）如果我们的工作出现失误，要及时承认并致歉。

（12）告诉员工，他们对于公司十分重要，公司十分重视员工。

（13）当我们对员工进行批评时，要说明理由并提出改进的方法。

（14）在我们批评员工之前，先指出员工的优点，说明自己的批评是为了帮助其更好地发挥。

（15）以身作则。

（16）言行一致。

（17）告诉员工，公司为他们感到骄傲和自豪。

（18）当员工表现出不满时，找出原因并解决。

（19）对于有不满情绪的员工，要尽快安抚，以防情绪感染。

（20）为员工制定长期目标和短期目标。

（21）对员工表示支持，说明与权利相应的义务。

02
企业文化落地要做好的四项工作

企业文化的重要性已经无须赘述,企业文化建设也已成为很多企业的重要工作,但表面上看,这些企业的企业文化建设工作虽然形式多样、内容纷呈,实际上能够发挥的效用却十分有限。这主要是因为,企业的实际经营与企业文化相脱节,企业文化只是"挂在墙上,说在嘴里",却没有印在心里、落在行动。

为此,企业在提炼企业文化内涵的同时,更要明确企业文化落地要做好的各项工作,真正将企业文化内化于心,使全体企业成员达到知行合一的境界。

1. 企业文化落地六步走

一般而言,企业要真正让企业文化落地生根,发挥其推动企业发展的效用,就需要分为六个步骤不断推进,如图5-1所示。

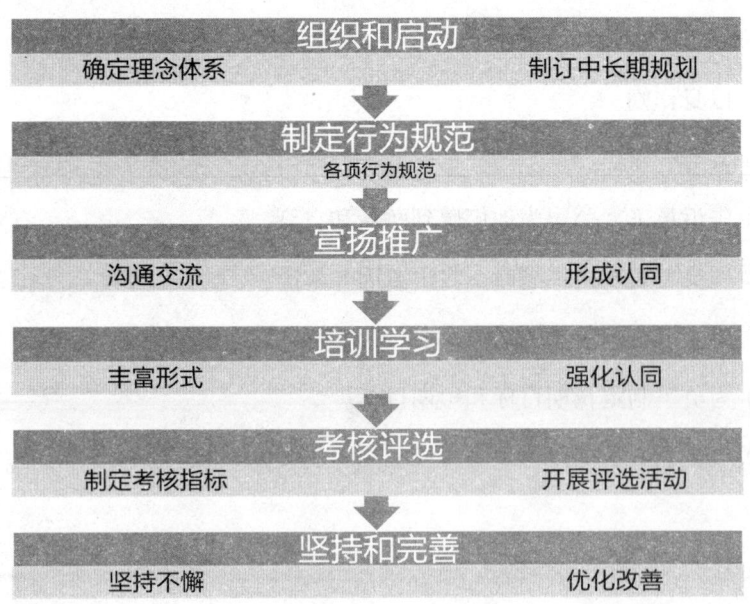

图5-1 企业文化落地六步走

（1）组织和启动。一旦企业确定了企业文化的理念体系，企业就应当制订出企业文化建设的中长期规划，并细化为完整的时间表。为了确保各项工作的有序推进，企业还可以设置专门的组织机构和岗位对此进行管理。企业还可以举办文化启动仪式，以此表达企业的重视，并鼓舞士气、统一思想。

（2）制定行为规范。企业文化要落到实地，企业全体成员就应当遵循企业文化约束自身行为，让企业文化在行为中体现，为此，企业需要制定员工行为规范、服务规范、生产规范等各项规范措施。

（3）宣扬推广。企业需要通过各个沟通渠道对企业文化进行宣传和阐释，确保企业文化得到员工的了解，明确关于企业文化的为什么、是什么、怎么做等问题，从而赢得员工认同。与此同时，企业也要有意识地对外宣扬企业文化，赢得公众和客户的认可。

（4）培训学习。培训学习的目的，则是进一步赢得员工的心理认同，将优秀的文化理念落到纸面上，成为企业上下可以执行的标准；并将企业文化融入各类培训学习中，通过各种非语言的仪式和活动，使企业文化的传播成为日常性工作。

（5）考核评选。无论是行为规范，还是宣传、培训，都无法确保员工切实按照理念执行。为此，企业可以将企业文化相关内容融入考核当中，比如设定弄虚作假的考核指标，以强化诚信经营的企业文化；也可以开展各种与企业文化相关的评选活动，比如企业文化演讲、榜样评选等。

（6）坚持和完善。企业文化的落地，需要坚持不懈地推进，并融入企业日常工作的细节中。企业管理者需要以身作则，并在企业运营中主动发现可以改善的细节，经过讨论决策后，优化企业文化的落地方案。

2. 企业文化落地的四项工作

基于企业文化落地的六个步骤，在实际操作中，企业要关注的其实是四项重点工作。

（1）宣讲培训。宣讲培训是宣传企业文化，并使之融入企业成员内心的重要工作。在宣讲培训中，企业需要注意以下四个要点。

①让培训成为一种习惯。

②培训系统化。

③让培训成为一种投资。

④尽量由创始人及高层管理者编写培训教材。

（2）视觉化方式。将企业文化以视觉化的方式呈现出来，可以有效营造企业文化氛围。对此，企业可以从两个层面着手进行。

①通过员工的服装、司徽、VI、墙上标语等体现出来。

②视觉化可以借助自身网站、多媒体、广播、报纸、内刊、企业文化手册、板报、宣传栏等载体，也可以通过摄影、绘画、书法、漫画、演讲、企业之歌（司歌）等形式。

（3）企业制度。企业制度是员工行为规范的集中体现，也是企业文化落地的前提。如果没有制度作为规范，企业文化就很难落到实处。企业制度本就是企业运营必不可少的一部分，但在企业文化的落地过程中，很多企业的制度却未能与企业文化相融合，甚至未能得到员工认可，所谓企业制度也沦落为一纸空文。

（4）召开会议。会议是企业员工沟通交流的重要平台，也是企业文化落地的重要工具。从企业文化落地的各个流程来看，企业都可以采取会议这一形式强化效果，在面对面的直接沟通中，让员工感受企业文化的启动、宣传、发展及落地，见证企业文化榜样或标兵的诞生，或在其他各类会议中感悟企业文化的点点滴滴。

上述四项工作都是企业文化落地的关键工作，其实也是企业运营管理的重要环节。但在很多企业的实际运营过程中，这四项工作不仅未能帮助企业实现企业文化落地，反而成为企业协同运作的阻碍，甚至引起员工的反感、抵触、对抗。对此，企业必须掌握有效方法、规避管理误区，真正使企业文化落地。

03
如何通过宣讲培训落地企业文化

20世纪90年代，斯坦福大学展开了一场心理干预实验，该实验也影响着一代代的企业文化建设理论。

在当时的那场实验中，组织者招募了一群学生参与实验，其心理干预措施十分简单，就是要求学生在寒假中写"日记"。实验将学生分为两组。

（1）价值组，要求学生写出他们最认可的价值观，并记录下日常生活中与这些价值观的联系。

（2）对照组，这些学生只需记录下生活中发生的一些好事即可。

一个寒假过去之后，组织者收集了学生的记录并逐一访谈。结果发现：价值组的学生不仅身体更健康，而且精神状态也更好，在返校之后，他们对于自身的能力拥有更多的自信。

在进一步研究之后，组织者确认：关于价值观的写作，或者说重复灌输，能够让人明确生活的意义，更加积极向上。

自此之后，更多的类似研究接踵而来，结果都证实了：短期内的价值观灌输，能够让人感觉更有力量，拥有掌控感、自豪和强大的感觉；长久以往，它对于人们的事业成就、身体健康、人际关系、心理韧性，都具有正面影响。

这一实践证明了理念灌输的重要性，而宣讲培训则是企业向员工灌输理念的常用手段，在持续的宣讲培训中，完成企业文化的落地。

然而，在关于如何通过宣讲培训落地企业文化的问题上，很多企业却陷入了误区，那就是频繁地以企业文化为主题开展宣讲培训活动，比如邀请外部讲师或内部领导给大家"念PPT"。这样的宣讲培训不仅难以吸引员工兴趣，反而会使企业文化显得枯燥乏味。

企业如果想让宣讲培训成为一种习惯、一种投资，就要真正关注宣讲培训的系统性，通过更加全面的培训过程，帮助员工在培训中形成更高的综合素质，进而推动企业文化的有效落地。

正是基于这一认知，松下幸之助将企业的经营战略定义为："集中全体员工智慧去经营。"并在企业发展的同时，建立了多个研修所，为员工提供多样的培训讲座，从而为员工提供长期的学习机会。仅在日本一地，松下就建立了关西地区职工研修所、奈良职工研修所、东京职工研修所、宇都宫职工研修所等四个研修所，在海外市场，其研修基地更是数不胜数。

松下在招聘新员工时，并不是只关注对方的工作经验、工作能力，而是更关注新员工的学习态度。因此，每个进入松下的新员工都会接受长达八个月的实习培训，通过将培训与实践以及企业文化高度结合，让员工在工作中学习、在学习中成长，并真正融入企业的文化氛围。

我们在通过宣讲培训落地企业文化时，也可以借鉴松下的这五个关键点。

（1）注重人格的培养。松下认为，人格是员工最值得关注的品质，如果缺乏人格的培养，企业就会陷入一种"本位主义"的发展轨道，"一切向钱看"，而不注重商业道德、社会责任。这样，企业即使取得了一时的发展，也会被市场所淘汰。

（2）注重员工的精神培训。相比于技能培训，精神培训更被松下所重视，团队精神、奉献精神、进取精神等都是松下培训学习的重要组成部分。这就要求企业在培训过程中，持续地向员工传达企业的品牌文化、社会使命和愿景目标。

（3）传达企业的价值观。松下的价值观十分明确，且对企业发展发挥了重要的方向性指导作用。在对新员工的培训过程中，松下也会让员工了解并接受企业的价值观。因为，如果缺乏价值观的指导，员工就无法很好地凝聚在一起，企业文化就无法形成，企业成员也不可能团结起来为企业发展贡献智慧。

（4）培养员工对细节的关注。很多员工在工作中表现出一种"不拘小节"的"君子作风"，但在当下如此激烈的竞争环境中，任何一个小小的差错，都可能使企业走向衰败。企业文化的落地也同样如此，任何一个细节的疏漏，都可能影响员工对企业文化的认可，甚至使企业文化建设满盘皆输。因此，培养员工对细节的关注就显得尤为重要。

（5）培养员工的竞争意识。有比较才有进步，有奖惩才有落实。在宣讲培训中，企业也要注意培养员工的竞争意识，一方面增强宣讲培训的效果，让员工在培训中仔细聆听、思考和交流，另一方面也是激励员工挖掘自身工作潜能，同时也可形成对其他员工的监督。

04
如何通过视觉化方式落地企业文化

进入21世纪以来，越来越多的企业开始启用新的视觉形象系统，更换新的商标或Logo，这正是因为视觉形象在市场竞争中的作用越发重要。

心理学研究表明，人们在接受外界信息时，视觉接受的信息量占全部信息量的83%，听觉则只占11%。尤其是在信息大爆炸的当下，人们已经很难静下心来读文字、听音频来获取信息，而一幅更具冲击力的图片却可以向人们传递更多信息，并迅速抢占用户心智。

在企业文化的落地过程中,视觉化的方式是必不可少的环节。但作为一种新兴方式,很多企业都尚未掌握有效的视觉化方式,盲目地更改视觉形象,反而引起反效果。

某水饺的新 Logo 不仅损害了品牌原本的亲民形象,当"大娘"变成"大姐",这一品牌也就变得不伦不类,最终导致这一传统品牌走向失败。

这种谬误在企业的视觉化中比比皆是,因为视觉化其实涉及企业运营的方方面面以及每个细节,大到企业招牌、宣传海报,小到企业 Logo、台卡名片,当企业决定采取视觉化方式时,就要充分用好视觉形象,避免弄巧成拙。

1. 视觉化的基本原则

每个企业的视觉形象各有不同,但无论如何设计,我们都要遵循视觉化的基本原则。

(1)企业理念、精神的象征。视觉设计是企业理念和精神的外显形象,更是企业文化落地的重要工具,因此,企业在设计视觉形象时,首先就要考虑到企业文化的各项要素,避免视觉形象与企业文化产生冲突,比如前文所述的"大娘"变"大姐"。

(2)符合企业愿景,可长期使用。视觉形象是传播企业文化的重要依据,也是员工、客户和公众认识品牌的重要载体,因此,企业的视觉设计就必须符合企业愿景,确保视觉形象可以长期使用,避免频繁地更改损害企业的原有形象。在这样的设计原则下,即使今后的时代审美出现变化,企业也只需对视觉形象进行微调即可。

(3)易于识别、有美感。要抢占用户心智,赢得员工认可,企业的视觉形象就必须易于识别,且具有美感。否则,低俗的形象设计只会传达低俗的企业文化,传递负面的文化信号。

(4)独立设计、避免雷同。企业的视觉形象设计是一个系统性的工程,涉及企业的方方面面，因此，很多企业会直接照搬其他企业的设计成果。但如此得来的视觉形象不仅无法贴合企业文化，反而可能引发版权纠纷。

2. 视觉化的系统应用

通过视觉化方式落实企业文化是一个系统性的工程，因此，企业也要关注视觉化的主要应用场景，并对其进行系统性的规划和设计。一般而言，视觉化的应用场景主要包含以下几个部分。

（1）导视系统。导视部分是指企业内的各种引导标识，如欢迎牌、企业标牌、建筑指示牌、道路行车指示牌、门牌等。

（2）宣传系统。宣传系统是指企业用于品牌、产品宣传的各类物料，如霓虹灯、阅读栏、广告牌、海报、报刊等。

（3）办公系统。办公系统是指企业办公环境下常用的各类物料，如信封、信纸、便笺、笔记本、工作证以及电子文档的版式、底纹等。

（4）包装系统。包装系统不仅是指对产品的包装，也包含对员工的包装，即员工制服、工作牌等。

（5）礼品系统。礼品系统是指企业用于馈赠的各类物料，如赠品、手提袋、文化衫、台历、挂历等。

05
如何通过企业制度固化企业文化

制度是企业文化落地的必要保障。企业想要通过制度固化企业文化，这就需要企业尽量作到七分文治、三分法治，制度要好、执行要严。

但在企业制度的推行过程中，企业却总会遭遇各种各样的阻碍，如果要解决这些阻碍，我们不妨从制度管理最常遇到的三句话着手。

1."谁说的"

企业中究竟谁说了算，理论上来说当然是制度。企业运营中的任何行为都应当以制度为依据，如果缺乏相关制度，则由管理层按照制度规范进行临时决策。然而，大多数企业却并非如此，员工看领导脸色行事已经成为管理，制度成为一种"原则上"的文件，至于究竟是否要按制度行事，则全凭领导意思。

这样的制度最终名存实亡，所谓制度也将成为一纸空文，既无法规范员工行为，也会让企业运营陷入困境。

如今，很多员工在听到什么要求或通知时，最先关注的并非内容，而是话是"谁说的"。即使是同样一段通知，分别从老总、主管、组长、普通职工、新员工等不同角色口中说出，员工的反应也将有所不同，有时甚至天差地别。

很多基层管理者大概都遇到过这样的情况，当自己推出某项新规定想让员工执行时，必须得向上级"请旨"才行。否则，员工大概都只是听听而已，想起来就照办，想不起来就照旧。

而企业文化的形成必然源自基层，企业文化的引导以及企业制度的贯彻也都依靠基层管理者。但当企业内部都以"谁说的"为先时，基层管理者的工作很多时候就可能会成为"无用功"。如此一来，企业自然会由下而上地陷入管理困境。

2."有什么用"

每一个新制度的落地，往往需要从某些微不足道的小事开始，但此时，这项所谓"新政"就会显得"没什么用"，甚至短期内还会影响现有业务，看起来有害无利。这是国内很多企业内部的通病，注重实用主义的文化氛围，使得每个员工都想与制度实现"即时互动"，急切地想在短期内看到收益，却容不得半点等待。

例如，某金融公司的风控总监在研究了国内外同行的风控经验后，经过深思熟虑，推出了一整套的改革制度。其初步计划就是细化部门分工，按照业务流程对岗位进行细分，推动职能分工、协同作业。

然而，由于部门员工不够，很多员工不得不身兼数职。于是，在计划实行的最初三个月，很多员工工作内容明显增多，工资却不见增长；有些员工却因为岗位调整，工资下调……部门内怨言四起："这改革有什么用啊？还不如像以前一样……"

当制度开始推行时，很多员工的第一反应是："这么做有什么用？以前那样不是挺好的嘛，改来改去的，尽折腾人。"当每个人都在追求制度的即时效果时，本就需要时间来证明效果的各种制度举措，当然会受到极大地制约。

而当员工都只想着"即时互动"时，制度变革带来的"阵痛"也将被进一步放大，引起员工的反感和抗争。如果不能消除这种企业氛围，纵使是确实有价值的制度，又能否执行得下去呢？答案可想而知。

3."看情况"

习惯说"看情况"的往往不是企业员工，而是制定政策的管理层。基于自身肩负"引导企业运行"的重大使命，为了规避制度风险，管理层在制定制度时往往习惯于看情况说话。所谓"看情况"，其实就是看市场环境、内部环境、政策环境，如果情况好就做，情况不好自然放弃。

理智地分析市场环境，当然是制定政策的必然前提，但很多管理者的"看情况"却是一种机会主义：看楼市热，就炒楼；看股市热，就炒股；看互联网金融是新兴产业，就做小额贷款……

然而，企业发展确实要看情况，但更重要的是看使命、看追求。放眼望去，无论国内还是国外，但凡成为伟大企业的，无不是专注某一领域并不断创新前行。至于如投身楼市的煤矿企业之类，他们终将可能倒在下一个炒作热点中，比如小额贷款。

企业都明白制度的重要性，希望通过制度固化企业文化、维系企业生存，提升企业核心竞争力。但为什么那么多企业的制度仍然难以推行呢？从以上三句话就可以看出来，"官僚主义""实用主义""机会主义"，早已成为限制企业制度推行的"三座大山"。

试问，如果基层员工的意见不被重视，中层管理者的管理没人买账，高层管理者的决策不过是"投机倒把"，企业文化还怎么可能形成？想要真正固化企业文化，我们就必须从管理制度着手，让制度发挥规范员工行为的作用，并贴合企业文化。

站在管理制度层面，企业必须让所有员工再无"后顾之忧"，激励员工脚踏实地按制度行事，而非瞻前顾后地执着于"谁说的""有什么用""看情况"。

06
如何通过召开会议传播企业文化

在企业运营管理中，会议是一个典型的沟通手段，无论是全体员工大会，还是部门会议、小组会议，都是为了在充分的沟通交流中，交换各方意见及智慧，从而达成一致；管理者也可以借此塑造并发挥自身影响力，赢得员工的信任和认可，进而更好地投入到工作中去。而在这一过程中，即使不是专门的企业文化宣讲会议，企业文化也可以在潜移默化中传递给员工。

然而，如今来看，太多企业里存在开不完的会议，这已经成为员工的一种负担，会议的效果已经与管理者的出发点背道而驰，会议甚至由此成为一种扭曲的"企业文化"，不仅无法承担传播企业文化的职能，反而削弱了员工的凝聚力和认可度。

在企业运营中，我们有无数问题需要开会解决，而每一次会议其实都是一次沟通交流、传播文化的重要契机。无论在怎样的主题会议中，我们都要采取正确的开会方法，为此，我们可以通过这样几个问题来重新认识会议。

1. 你的开会方法正确吗

传统的企业会议流程就是：宣导、交流、表态。但正如很多管理者发现的那样，在大多数会议中，除了管理者宣导之外，交流环节几乎可以忽视，而所谓表态也只是员工一味地说"好"。

为什么员工不愿意和我们交流？因为我们的会议让员工认识到，他们的交流或表态是无效的，无论他们说什么都无法改变既定政策。那么，员工又何必表达意见，做出头鸟呢？因此，无论是大会还是小会，我们都无法听到员工的声音，更不要说意见或建议。

2. 员工认真说真话吗

在认识到传统开会方法的失效之后，一些管理者开始尝试激励员工在会议上表达意见。但效果如何呢？

有的管理者平时和员工的关系不错，在一起聊天时一个比一个能侃，感觉都有说不完的想法。可是，等到开会的时候呢？主持人在上面说得慷慨激昂，但他们要么目光呆滞，要么在笔记本上狂写不止，要么低头做沉思状……

在主持人让他们发言时，一个个又都低下了头，即使是被点名发言，有的避重就轻、顾左右而言他；有的一味说着老板英明、深受鼓舞；有的甚至连溜须拍马都懒得做，只是说其他同事已经说过。

于是，每次会议都在高度统一、一团和气中结束，但到实际工作中，一切仍然没有发生改变。这样的会议既无益于企业的日常运营，同样不利于企业文化的传播。

上述现象出现在诸多企业当中，究其原因，则是因为企业未能给予员工认真说真话的"安全感"，当管理者只会说些大话、空话、套话，当员工的建议或意见被极大忽视，那员工当然也不再说话，甚至不再乐于听话，会议的作用也由此被扭曲。

3.这件事真的需要开会吗

越来越多的员工将会议看作一种负担——除非是发年终奖之类的"分赃大会"。此时，如果企业需要沟通的话题确实没有开会的必要，那员工自然更加不会认可。

如果会议都是宣导新政策、新精神，而且已经决定不再改变，那么，我们还需要为此开会吗？不如直接群发邮件，有问题私下沟通，这样还能节省员工的时间，让员工敢于反馈。

如果会议只是一次简单的沟通，是管理者想要与员工交流，那么，开会难道不是最差的选择吗？当大家围坐在会议桌边，领导坐在上面，怎么会有沟通的氛围？我们不如直接在微信、QQ中交流，或是组织一次轻松的聚餐、出游。

4.员工能感受到你的真诚吗

有些管理者在召开会议时，自己并没有对员工抱以真诚的态度，那员工当然只会将会议看作耽误时间。

例如，某企业由于业务发展需要，计划对组织架构进行调整，原来的A事业部要被撤销与B事业部合并。这样的合并，意味着A事业部员工必然会面对岗位、薪资、职能等各方面的变化，员工对此也十分关心。因此，管理者召集A事业部的员工开了一次全员会议。

在会议上，为了缓和员工的心情，管理者表现出维护员工利益的态度，画出"美丽的大饼"，让A事业部员工相信与B事业部合并也能一如既往，并号召大家对公司保持信任、在新的岗位上创造更大的价值。

然而，任何一个职场老人都明白，不要说换个事业部，即使是换一个部门，工作环境都会天差地别。此时，他们最关心的就是：新的岗位是否符合自己的职业发展？调职之后的薪资或涨或跌？而"大话""套话""大饼"在他们看来都只是空谈。

任何企业文化的传播都离不开"真诚"二字，只有当企业成员都可以真诚沟通时，企业文化才有孕育的土壤。否则，在虚与委蛇的工作氛围中，任何企业文化都不可能落地。

5. 为什么在非工作时间开会

开会是企业管理的必要组成部分，也是企业文化传播的重要工具，当然也是员工工作内容的一部分。但如果会议总是选在非工作时间召开，在管理者看来，或许觉得只是占用了下班后的几分钟、半小时，但积少成多，这同样会引起员工的负面情绪。

有的管理者经常给员工开小会，会议时间确实不长，每次最多就半个小时，而且内容也都是干货。但是，他开会的时间总是选在午休或下班时间，甚至是让员工上班早到半个小时开会。结果呢？员工私下却表示：会议内容确实很好，但这样无偿加班开会，真的好累。

管理者也觉得挺委屈的，明明时间不长，而且占用时间也不多，为什么员工不能理解呢？况且自己也是在休息时间工作啊！

员工并非不能接受开会，但在非工作时间开会，却并非员工的工作义务。作为管理者，我们应该尽量少在非工作时间开会，以免因为影响到员工的正常休息时间，进而损害会议的效用。

其实，当我们真正聆听员工的声音时，我们总会发现，我们召开的大会小会，不仅没能得到员工的认可，反而对企业文化造成负影响。究其原因，并非会议这一形式无效，而是我们并未掌握开会的方法。

开会的关键要素是沟通。仔细想想，在你召开的会议中，是否一直都是你一个人在自说自话？你的员工能否真的畅所欲言？你说出的话你自己相信吗？会议是否耽误了员工的工作休息时间？

如果我们不能切实考虑员工的需求，会议自然无法开进员工的内心。也只有当我们明白这一点之后，会议才不会成为员工的负担，而是真正成为"胜利的大会"，让企业文化在每次会议中得以传播，让管理者影响力及员工工作热情在每次会议中大涨。

07
华为企业文化和制度如何落地的

1994年，华为从一家默默无闻的小公司一跃成为热门企业，所有领导在视察过华为后都对华为的企业文化赞不绝口，华为的很多管理者也开始将企业文化挂在嘴上。但华为的企业文化究竟是什么呢？却始终没有一个准确答案。

于是，任正非指派一位副总监与中国人民大学的几位教授联系，希望他们帮助华为梳理企业文化、总结成功经验。

就这样，《华为基本法》于1995年开始萌芽，并于1996年正式被定义为"管理大纲"，直到1998年3月审议通过，《华为基本法》正式成为华为的基本政策，内含6章103条内容共1.6万字。

此后，华为走上飞跃式发展之路，其销售额从1995年的14亿元增长至1997年的41亿元，而到了2020年底，华为年销售额更是达到8914亿元。

《华为基本法》的落地实施是华为发展过程中的重要里程碑，在华为成长历程中发挥了突出作用，简单而言，主要有以下三点。

（1）任正非的个人思维由此转化为组织思维，其关于华为未来的前途、使命等思考，都在企业内部达成了共识。

（2）《华为基本法》一经出台，就引起国内外企业的追捧学习，使华为在全球范围内的知名度进一步提高,成为一次出色的宣传。

(3)在《华为基本法》的出台过程中,每一位参与者都经历了一次无与伦比的理念创新和文化洗礼,在这样的思想碰撞中,华为的管理者都得到了极大成长,华为也由此培养出一支优秀的领导团队。

但作为顶层指导完成的企业文化和制度,《华为基本法》要完成落地却仍然需要面临挑战,为此,任正非提出了著名的"三化"理论,即在引进新管理体系时,必须先僵化、后优化、再固化。

在阐述"三化"理论时,任正非说道:"5年之内不允许你们进行幼稚创新,顾问们说什么,用什么方法,即使认为不合理,也不允许你们动。5年以后,把人家的系统用好了,我可以授权你们进行局部的改动。至于进行结构性改动,那是10年之后的事。"

正是基于这一理论,《华为基本法》中关于基本法的修订条款直接写道:"每十年基本法进行一次修订。修订的过程贯彻从贤不从众的原则。在管理者、技术骨干、业务骨干、基层干部中推选出10%的员工,进行修改的论证,拟出清晰的提案。然后从这10%的员工中,再推选20%的员工,与董事会、执行委员会一同审议修改部分的提案。并将最终的提案公布,征求广大员工意见。最后,由董事会、执行委员会、优秀员工组成三方等额的代表进行最终审批。"

从《华为基本法》的制定和落地中,我们应当明确,关于企业文化和制度的制定,我们当然需要尊重民主、达成共识,但在共识形成之后,企业就要采取强硬的手段将其推行下去,且制度一旦确定就不能随意更改。

这就意味着,企业文化和制度的落地必须抓住三个关键。

(1)高层坚定。企业制度的有力执行和企业文化的营造落地,都需要由上而下地逐步推进,如果高层管理者对制度或文化有动摇,就很容易导致内部的认知分裂,破坏企业内部的共识与执行力。与之相对地,高层的坚定也将在企业内部产生巨大的推动力，推动其他成员随之而行。

（2）中层共识。在高层坚定推进的同时，中层之间也必须达成共识。为了避免中层的认知偏差影响企业文化和制度的落地，企业在执行过程中遵循"对事不对人"的原则，由中层管理者负责各项事务的管理，强调按章办事，淡化中层管理者的个人作用。

（3）基层贯彻。企业文化和制度始终要贯彻到基层，如果贯彻不到位、不彻底、不深入，甚至引起基层员工的抵制、不配合，那即使有中高层的支持，企业文化和制度也无法执行下去。为此，企业管理者虽要心慈，但切忌手软，不仅要坚定推行企业文化和制度，更要坚定处理影响企业文化和制度推行的杂音。

08
成就伙伴就是成就自己

2019年9月27号，伴随着《风口裂变》活动的结束，三度团队也提前进入了国庆假期。而这时焕杰老师带领的华夏队全体成员却没有给自己放假，而是继续在盘点所有可能成交和升级的客户。

在盘点中焕杰老师发现，尹天龙可以成交合伙人，他二话不说直接陪着伙伴飞去青岛拜访，到达后第一时间参观公司了解企业情况。经过一天时间的沟通，到晚上吃饭时，焕杰老师还在与每个股东逐个沟通。然而那顿饭吃到了凌晨2点，仍然没有实现成交，大家回到酒店后内心很不是滋味，当时有些小伙伴都崩溃了。这时焕杰老师却没有灰心，暗下决心：决定再留一天，无论如何也要拿下这个客户。

第二天，焕杰老师又与客户进行了充分的沟通，终于在晚上成功签约，这天已经是 9 月的最后一天。

焕杰老师永远都是想伙伴之想、急伙伴之急，正是这份成就伙伴的初心，让华夏队创建的金华分公司得以创造一个又一个奇迹，并在分公司成立的第一个月业绩就破百万元，成为最快破百万业绩的分公司，接下来的每个月业绩也是日渐增长。在焕杰老师的带领下，团队的每个人都感觉奔跑在成长的路上，每个人都在乘风破浪。

焕杰老师带领团队之所以能够创造这样的成绩，正是因为他相信：一个人成功的关键在于他"愿意"以及"已经"帮助和成就了多少人。他帮助的人越多，心里装着的人越多，他的成长和成就越大。

WENHUA FUNENG

文化赋能

第六章

人生 900 格：在有限生命里做更有意义的事

企业文化的落地过程，绝非员工利益与企业利益的取舍过程，而是关于生命意义的探索与交流过程。在每个企业成员的有限人生中，甚至是在企业的有限寿命中，我们都应当做更有意义的事，而不是将精力放在零和博弈、相互倾轧上。有的人能在有限的生命里做出非凡的事业，有的人能在工作中发挥自己的最大价值，而有的人走过自己人生的900格却最终一事无成。

01
生命的意义是什么

虽然在人生中我们都有自己的梦想，甚至在生活与工作中满怀使命感，但每个人却都有各自局限，或是局限于时代的眼光，或是局限于知识的积累，即使企业采取各种方法对员工进行培养，但我们仍然有一种局限永远无法逃过，那就是生命的局限。

曾经有一位德国摄影师专门去临终病房进行拍摄，拍下人们临终前和刚刚逝去的那一刻，并将两张照片并在一起，配上摄影师采访记录的文字内容。这一拍摄计划触动了无数人，而其中有一位老太太的话更是令人百感交集。

这位老太太当时指着窗外的一个超市对摄影师说道："你看那里进进出出的人们，他们在那里购买各种各样的东西，面包、卫生纸和油……你看他们的样子，他们好像从来不觉得自己会死。"

这就是生命，在我们度过自己的人生时，谁又想过自己会死呢？我们几乎都不曾想过自己会在什么时刻和地点以怎样的方式死去。然而，如果我们没有终会逝去的觉悟，如果我们没有认识到生命的局限，我们又如何能够了解生命的意义，又如何能在有限生命里做更有意义的事呢？

生命都是短暂的，但这并非一个需要消极对待的认知。事实上，生命的意义正是因为它的短暂，如果永远不会逝去，我们也无须考虑关于生命的意义，就如影视作品中的吸血鬼总是不会因为生命意义而困惑。

当然，每个人的生命都有不同的意义，但无论是谁的生命都应当是为自己而活，从自己出发来明确生命的意义。

1. 努力为自己而活

德国哲学家费尔巴哈说过，人活着的第一要务就是要使自己幸福。

也有人曾说：人这辈子最幸福的事，就是曾经为自己活过。

然而，现实却是，人很少是为自己活着。我们总是会被社会舆论所引导，或是被一些潮流所裹挟，或是在别人的眼光下小心翼翼地活着……这样的人生也将让人迷茫、无措：我们究竟为什么而活？我们活着的意义是什么？

小时候，父母告诉我们："别贪玩，要好好学习，听老师的话，这样以后才会有出息。"于是，我们放下心爱的球拍，努力成为父母眼中的"好孩子"。

在学校，老师告诉我们："别分心，要努力读书，不考上大学，一辈子就都完蛋啦。"于是，我们放下手中的画笔，争取在学业上更加出色。

当我们终于进入大学，看着来自五湖四海的同学，我们却迷失了自己：为什么这么多同学跟我好像一样？好羡慕那个身材匀称的男生可以进入校队；好羡慕那个多才多艺的女生可以登上舞台；计算机系那个"戴眼镜的同学"，竟然懂这么多电脑知识……而我们自己呢？

看着镜子里的自己，我们开始疑惑：努力学习这么多年，成为父母老师眼中的"好孩子"，可是我们的人生真的开始美好了吗？为什么自己显得那样陌生而卑微，就好像流水线上的一件产品。

我究竟是谁？这么多年里，究竟是从何时开始，我们已经把自己弄丢了？大概，一切的起点，就是我们开始活在别人的期待里，而不再为自己而活。

马友友作为世界闻名的音乐大师，多次获得格莱美奖，甚至于2011年，由美国总统奥巴马亲自授予总统自由勋章——美国平民最高荣誉。

但这并非他最初的人生轨迹，在他父母的规划中，马友友将来会成为与父母一样出色的金融人士，因此，马友友学会的第一句话并非"爸爸妈妈"，而是"一二三四"。马友友从小就是让父母骄傲的"数学明星"，但只有他自己知道，自己对此毫无兴趣。

直到有一天，马友友在放学回家的路上，听到一位老人弹奏的大提琴声，他听得入神，甚至忘了回家。老人拉完曲子，发现了马友友，就和他聊了很多关于音乐的故事，又继续给他演奏各种乐曲。

马友友的父母知道之后，自然强烈反对，摆出前所未有的严肃态度，要求马友友好好学习数学。但马友友前所未有地坚定着："为什么要和你们走一样的路，我就是喜欢音乐，而且我能把自己喜欢的事做到更好。"

终于，在数次对抗中，马友友的父母放弃了控制，允许马友友学习音乐。但没想到，不过一两年的时间，马友友的音乐才华就开始崭露头角……

在这个社会里，我们已经生活得很辛苦，需要应付生活中的各种琐碎，人生已经如此艰难，我们为什么还要为别人而活，折磨自己呢？

我们每个人都似乎有两个自己：一个想要实现别人对自己的期待；另一个则只想听从自己的内心。我们害怕异样的眼光，因此，我们在社会中活得小心翼翼；我们害怕至亲的失望，因此，我们努力满足他们的期待。于是，我们的生活也似是而非。

然而，等到我们筋疲力尽之后，才发现，我们始终满足不了别人的期待。那么，我们不妨只为自己而活，只为自己的幸福而活。

实现幸福似乎很难，但其实，幸福并不源自结果，而是来自过程。正如毕淑敏所说，只要我们每一个人努力去争取、去奋斗，我们就会享有自己的幸福。

幸福其实是一种内心的稳定。我们当然没法决定外界的是是非非，但我们却能决定自己的内心状态。而当我们努力为自己而活时，其实就是真正掌握住了自己的人生，到此时，我们也不再迷茫、无措。

对于这世上的很多事情，我们确实无能为力。但在其间，必然存在着我们能够通过努力而改变的事情,如果能按照自己的意志、通过自己的努力去改变,那我们也将实现内心的稳定,而这当然是世界上最幸福的事,这当然也是生命必需的意义!

2. 明确自己生命的意义

无论想要怎样的未来,都需要我们坚持不懈地努力。但在此前,我们必须先明确自己生命的意义,只有如此,才能明确生命的起点、过程和终点。为此,我们不妨遵循以下三个步骤来认识自己。

(1)"令我愉悦和鲜活的时候"。首先,我们可以搜索自己的记忆,找到生命中所有让你感到愉悦和鲜活的时刻,并列出清单。接下来,我们可以仔细检视这份清单,试着找找看这些事件是否有共同点。如果有,这个共同的要素就是能够带给我们快乐的暗示,而这同样是你人生意义的一个暗示。因为人生最重要的意义,就是让自己愉悦和鲜活。

(2)"认识我自己"。重新审视自己,通过下列问题真正地认识自己:

① 我有哪些天分?

② 我有哪些技能或知识?

③ 我喜欢做什么?

④ 什么时候我最具活力?

⑤ 我热衷于什么?

⑥ 什么能给我带来更多愉悦?

⑦ 什么时候我的自我感觉最好?

⑧ 我的个人特点是什么?

⑨ 别人经常说我擅长什么?

⑩ 我喜欢如何与别人互动?

⑪ 如果可能的话,我最想改变周围的什么?

需要注意的是，这些问题并非性格测试，也不是面试试题，因此，我们一定要寻求内心深处的真正答案，而无须考虑任何外界因素。

（3）"我的生命的意义"。在深层次的自我认知之后，我们就可以对每一个问题的主要答案进行总结：它们都有什么共同点，暗示了什么？将这些要素整合起来，我们就能得到几句完整的句子——这就是我们的生命的意义。

只有当我们真正地认识自己的本我，并明确自己独有的兴趣、天赋、才能和激情时，我们才能知道：我是谁，我想要成为怎样的人，我要以怎样的姿态面对这个世界。

此时，我们也就明确了自己生命的意义，并真正拥有了创造命运的能力。接下来，我们就可以遵循自己的内心去追寻更有意义的人生，尽情地向这个世界散发强烈的能量，创造更大的价值，并收获这个世界的回馈！

02
为什么有人在有限的生命里做了其他人做不到的事

"人生苦短，可我如今仍然一事无成，挣扎于各种琐碎、繁杂的事务之间，完全看不见未来的希望，我的未来是否已经注定？我的人生是否还有转机？为什么有人在有限的生命里做了其他人做不到的事？"当我们为此而焦虑不安时，不妨听听稻盛和夫的告诫："我埋头工作40余年，成就了多项事业。成功的理由，全在于持续不懈、踏踏实实的努力。"

很简单的道理，但也是最难践行的道理。如何去做呢？说到底也无非是自强不息而已。毕竟，在人生的道路上，一切成就或失败，坦然或悔恨，都只与自己有关而已——你不努力，没人能替你坚强。

乔·吉拉德被誉为"全世界最伟大的推销员",他在49岁退休的时候,已经保持了12年的汽车推销记录,平均每天6辆汽车的销售记录,因此被载入吉尼斯世界纪录大全!

可是,正是这样一位推销天才,在35岁之前却一直被认为是"loser(失败者)"!因为乔·吉拉德患有严重的口吃,在从事汽车推销事业之前,他曾经换过40份工作,也曾经在沉重的债务下走投无路,连他的父亲都将他看作"四处游荡的笨蛋"。

然而,他并没有自暴自弃、怨天尤人。在发现口吃的自己难以有效应对任何工作之后,乔·吉拉德开始强迫自己与人频繁沟通,并学习大量的推销知识。用了三年的时间,乔·吉拉德终于改变了自己,也将自己推销给了全世界。

1. 不给自己设限,才能突破生命局限

很多人常听长辈们说:"很多人忙忙碌碌一辈子,只挣了一套属于自己的房子。"等到进入社会时,他们才发现,曾经嗤之以鼻的说法竟然成为现实,很多人的奋斗都是为了一套房产;而更多人却发现,无论收入如何上涨,都赶不上房价的涨幅。

"既然如此,何必还要奋斗?不如专心享受生活好了!"就是在这样的想法下,他们开始放纵自己,将有限的收入都用在了享受上。

然而,很多人都如此,就代表我们的人生就只能如此吗?现状如此,就代表我们的未来同样如此吗?

我们必须要认识到的一点是,对每个人来说,唯一公平的就是时间,没有谁的一天拥有25个小时。即使身处同一个企业,但有人工作,有人偷懒;有人学习,有人虚度。同样是下班回家,有人安逸看电影、读名著,早早睡觉;有人匆忙赶到另一个职场,挣点外快;有人则追着偶像剧、网络小说,欲罢不能。他们的人生当然不同。

人们往往会陷入一种盲目当中：似乎怎么也进不了预期的学校或公司，似乎别人的学习或工作都好于自己。于是，人们过分看低自己所处的境地，过分否定自己付出的努力，最终陷入"人生无转机"的绝望——这才是真正让人生难觅转机的根源。

人生已经有限，为何我们还要给自己设限？与其消极对待人生，不如相信：我们的付出必将赢得相应的回报。无论如何，我们都应当保持自强不息的心态，绝不放弃，退缩，努力刻苦钻研，如此才能解决人生难题，达到别人无法抵达的远方。

2. 没有什么事情可以"万事俱备"

我们不妨想一想：在我们的生命中有多少事发生时，我们没有立马行动而是将之置之脑后，等到再想起时却已经面目全非。我们的生命中似乎有太多重要的事要做，但有些人总是善于将它们放在一边开始玩耍休闲，然后发现自己又有太多的空闲时间。

人们总是想着：等一会儿，等准备好了再去做；等一会儿，等手头的事做完了再去做。可最后，我们就这么忘记了这一件事，等到想起来的时候，当初的激情和热情已经不再，我们自然也就一事无成。

一个人之所以能够实现自己的目标，在有限的生命里做出非凡的成就，并不在于他有多好的方法，也不是因为他的目标有多近。如果真要说有什么方法的话，只是因为他们的行动比别人更多；如果真要说毅力有多可贵的话，那就在于他们能够一直坚持立马行动！

没有行动，所谓方法都是"纸上谈兵"，得不到实际效果，更得不到改进提升。当我们制定了目标，确定了行动的方向，那就再不需要任何犹豫，在前方的道路上，除了我们自己，没有任何人或事会阻碍我们的行动。

曾经有一位员工见到组长后抱怨地说道："组长，我等了你两天，想和你确认这个方案怎么做,你这几天去哪了?"表面上看,这位员工似乎有着一颗立马行动的心。可只是因为组长不在,他就让一个方案搁置了两天,他既没有寻找其他同事沟通,也没有尝试其他沟通渠道,或是先做出一个初步的成果,而只是无谓的等待,于是,他既浪费了两天的时间,也失去了组长的认可。

如果行动总是需要当一切刚刚好或有人推动时才能展开,那这些行动就不是我们自己的。这样被动的行动不会让我们得到任何收益,其结果往往适得其反。很难想象,因为组长不在就将方案完全搁置的员工,能够做出多少成绩,又能在自己的职业道路上走多远?

行动是克服困难的唯一方法,也是发现困难的真正方法。当我们制订计划时,我们会发现这样那样的困难,时间不够、杂事繁忙、准备不足、物资未满……可只有在行动中我们才能看到真正的困难,并逐一将之克服。

要知道,行动的目的就是解决问题、实现目标。那些困难不会因为我们在纸上涂涂画画就消失无踪,只会消失于我们前进的每一个脚印中。

与此同时,也只有立马行动才能让自己坚持下去。毅力的培养无疑十分困难,但如果我们为把每一件该做的事立马行动,久而久之,我们也将养成一种习惯,毅力也悄然而生!"千里之行,始于足下",我们不用为"千里"的遥远而彷徨,只需要看眼下的那一小步,"千里"难走,但跨出这一小步却并不困难。

当我们用糖果诱惑孩子走路时,我们不在乎手中的糖果,只在乎他走出的每一步,当他迈出了第一步,撒开脚丫开始跑的时候,糖果就离他不远了……

用行动去寻求适合自己的方法,用行动去克服路途中的障碍,用主动的行动提高自己,用立马的行动去实现自己的目标!在这样的行动中,我们有限的生命也将散发出更耀眼的光芒。

3. 每个人都有改变的能力

很多人把改变看作一种天翻地覆，并为之赋予太多惊心动魄的臆想。因此，在面对各种人生不满、事业瓶颈时，人们希望改变却又畏惧改变，最终却是安于现状，直到最后……

然而，改变无须大动干戈，一下子把生活搅得天翻地覆。我们只需改变自己的思维，然后从自己力所能及的事情开始，每天改变一点，日积月累，终有水滴石穿的一天。

如果我们想要通过在职读研在事业道路上更进一步，我们无须数天内做完考研试卷，只需在改变想法之后，每天背20个英语单词，每天学一节专业内容……直到半年之后，当别人惊讶于你如何通过考试时，回首过去，一切其实就是从当初一个微小的改变开始。

就好像是一颗黑炭，它只需每天改变一个原子的排列结构，那么终有一天，它会从一颗不起眼的黑炭，变成最耀眼的钻石。

歌德曾说："在今天和明天之间，有一段很长的时间；趁你还有精神的时候，学习迅速办事。"当你对现状不满时，那就去现在开始努力改变现状。

有时候，人们对时间的感知会出错。他们感觉时间是那么漫长，未来还有那么多年，于是，他们自认为可以"等到明天"再开始努力，可就是在这样的空想中，许多个念头匆匆而过。他们曾以为自己在老了之后，可以坐在藤椅上，向儿孙诉说自己的精彩故事。但现实却是，这么多年过去了，他们却还没有什么精彩的故事可以诉说，春去秋来，他们似乎仍然过着流水账般的生活，直到老去，也只能羡慕别人的丰富故事。

03
其实，人生只有900格

当很多人将"来日方长"作为推脱、将"等待时机"作为借口时，我们却忘记了"人生苦短"的哀叹。其实，这段似乎看不见尽头的人生路只有900格而已。

如果我们将一个月算作一个小格子，那按照75岁的寿命来看，我们的人生也不过900个月，即900个小格子而已，如表6-1所示。

75年乘以12个月，这就是我们大多数人的一生。这听起来漫长的人生，展现在900格图标上却总是令人震撼。假设你是一位30岁的"打工人"，那你的人生900格就如图6-1所示；假设你能陪伴你的孩子直至他考入大学，那你们相处的时间则如图6-2所示；假设你的父母已经50岁，而你们一年才见一次，那你还能陪伴他们的时间可能如图6-3所示。

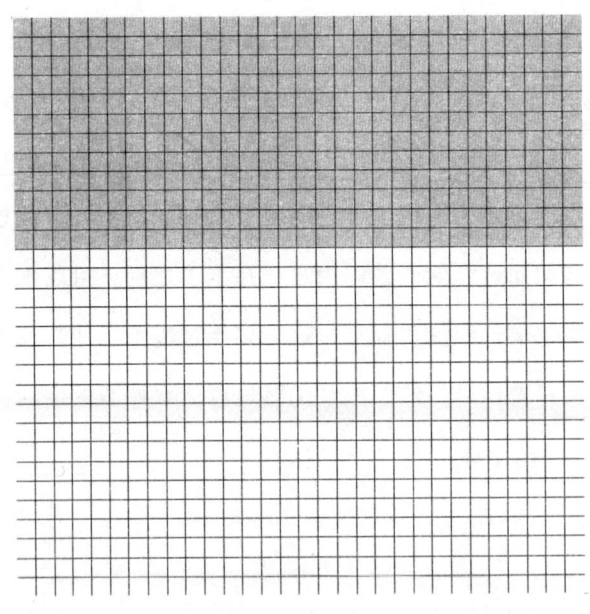

图6-1　30岁"打工人"的人生900格

第六章 人生900格：在有限生命里做更有意义的事

表6-1 人生900格

其实，人生只有900个格

岁数	5				10				15				20				25				30				35				40
30		5			10				15				20				25				30				35				40
29																												
28																												
27																												
26																												
25																												
24		2			7				12				17				22				27				32				37	
23																												
22																												
21																												
20																												
19																												
18		4			9				14				19				24				29				34				39	
17																												
16																												
15																												
14																												
13																												
12		1			6				11				16				21				26				31				36	
11																												
10																												
9																												
8																												
7																												
6		3			8				13				18				23				28				33				38	
5																												
4																												
3																												
2																												
1																												
	1	2	3	4	5	6	7	8	9	10	11	12	13	14	15	16

续表

其实，人生只有900个格

岁数					45		50		55		60		65		70		75
30					45		50		55		60		65		70		75
29																	
28																	
27																	
26																	
25																	
24					42		47		52		57		62		67		72
23																	
22																	
21																	
20																	
19																	
18					44		49		54		59		64		69		74
17																	
16																	
15																	
14																	
13																	
12					41		46		51		56		61		66		71
11																	
10																	
9																	
8																	
7																	
6					43		48		53		58		63		68		73
5																	
4																	
3																	
2																	
1																	
	17	18	19	20	21	22	23	24	25	26	27	28	29	30			

第六章 人生900格：在有限生命里做更有意义的事

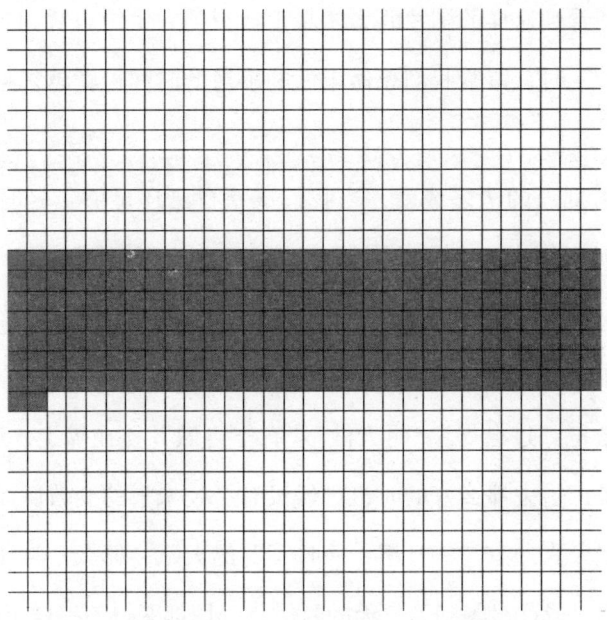

图6-2 陪伴孩子直至其考入大学的时间

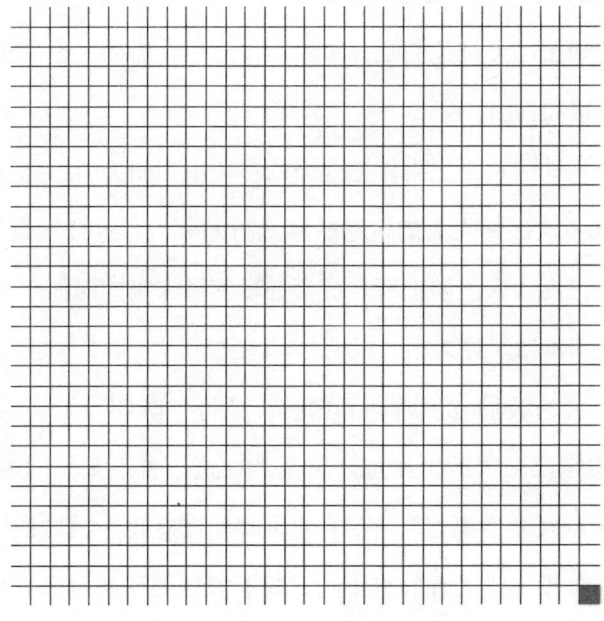

图6-3 一年一次陪伴父母的时间

很多人直到看到这样的图片时,才真正认识到人生的短暂。当我们还固执地认为"来日方长"时,留给我们想做未做的事情的时间也就越来越少,直至一切都来不及。

当我们艳羡别人的诸多成就,当我们庆幸自己还足够年轻时,更要奋起直追,将自己的时间用在有意义的事情上,切忌在一拖再拖中,让时间无意义地流逝。

1.拖延是时间最大的杀手

很多人常常把"过会做""明天做""有空再做"挂在嘴上,可即使到时候,他们真的去做了,过去那么好的时机已经没有了,未来的变数反而让他们得不偿失。或许,有些人真的有"三日事,一日了"的天赋,那么,为什么不在第一天就做完这些事呢?或许,等到第三天的时候,一切都变得不一样了!

有些人把拖延当作一种等待,等待一次良机的到来。但机会往往就在眼下,稍纵即逝,犹如昙花一现。当我们还在等待那些"敢死队"为自己"排雷"时,殊不知,最大的螃蟹已经被他们吃掉了,而自己跟在后面,连汤都喝不到,最后只能以一句"料事如神"自夸。

拖延是时间最大的杀手。当你把今天的事情拖到明天时,你就能把明天的时间拖到后天。且不谈那些失去的机遇,单从时间来说,这样地透支未来的时间,你真的能保证自己在未来能够把所有要做的事都做完吗?而那些自己拖延耗费掉的时间,你究竟用来做了什么?

拖延从来不会为我们省下时间和精力。或许如陈明一般,大家真的能够用一天的时间按质完成两天的工作量。可是,在这"省下来"的一天里,陈明在做什么呢?"东玩玩、西逛逛",省下的时间并没有用于"增值",就这么消耗掉了。最后,任务没完成,晋升得不到,职业规划的那些目标更是没有实现!

2. 善用碎片时间，才能突破时间局限

雷巴柯夫曾说："用分来计算时间的人，比用时计算时间的人，时间多 59 倍。"所谓集腋成裘，10 分钟或许不足以我们生产一辆汽车，但总是足够我们大致浏览生产说明书；1 分钟或许无法完成一份文案，但却足以思考接下来要做的流程。

走向职场之后，工作与生活相交织，我们的时间似乎变得越来越零碎，一个小时后要做这个，半个小时后要做那个，十分钟后就要出门了……我们似乎很难抽出一段完整的时间来做我们需要做的事情。但快手、抖音等社交 App 却越来越火爆，它们为什么能有这么大的市场？这不正说明我们其实拥有太多时间，只是这些时间过于碎片化，因而容易被人们忽视。

很多人已经开始抱怨微博、抖音这些社交 App："当初之所以用它、喜欢它，就是想打发下那些没事做的几分钟。可现在却慢慢上瘾了，总是忍不住刷下微博看看有什么热搜，或是刷一下抖音就已经过去了一两个小时，现在已经没办法静下心做事了。本来用来打发碎片时间的工具，却正在切割我的时间，把我的完整时间变得碎片化！"

此时，与其纠结于失去整段的时间，不如学会对碎片时间进行有效整理，从而突破时间的局限。

当微信成为生活与工作共用的通信工具，生活与工作之间往往也就模糊了界限，因此时间碎片化也成为必然；但同样是得益于移动互联网，无论我们身在何方，只要有一部智能手机，我们就能够完成基本的学习和工作。

由此来看，时间在被碎片化的同时，也拥有了被"拉长"的可能！而其中的关键就在于，我们是否能够利用这些碎片化的时间去完成系统的工作？是否能够在间断性的工作中保持连贯、整体的思维，以及对于其他事情的快速反应能力？

3. 重新认识时间，才能激发无限潜能

人的潜能无限，但要激发潜能却并非只是说说就行。

最好的世界有怎样的精彩？最好的自己又能创造怎样的奇迹？每个人或许都沉浸在这样的畅想中，但很多人却为其中需要投入的庞大时间而犯难。

"我现在的工作很枯燥，根本不是我想做的，但这却是我维持生活的重要来源，我不可能辞职去做我想做的。可不辞职，我又哪来足够的时间呢？"

很多人认为，越是重要的工作，就越需要一块完整的时间去完成。比如做一份文案，很多人希望能够有半天的时间沉浸其中、不受打扰。可如果他们仔细回忆下自己的文案工作就会发现，文案创作其实可以分为两种情况，其一是拿起笔就文思泉涌，在一个安静的时间段里能够一蹴而就；其二则是拿起笔却什么都想不起来，开了个头就写不下去，只好停笔等下次再写。

为什么会出现这两种情况呢？有的人说是因为没有灵感。其实，只是因为他们的积累还不够，如果对要写的问题有足够的知识储备，那么，只要有个安静的时间段，他们就能下笔如有神。可如果积累不够，"肚子里没有墨水"，有再多的安静时间，都"倒不出来几个字"。

如果能够明白这一点，我们就应该意识到，有的工作确实需要一段完整的时间来完成，但如果没有足够的积累和铺垫，即使有这样的完整时间段，工作也不会完成。

在这种情况下，我们不妨直接将自己的时间管理计划进行分割，我们不需要以小时为单位去计划事务，而应该以分钟为单位。

同样是文案工作，有的人的计划是："1小时做构思；1小时做提纲；3个小时收集素材；2个小时写作；1个小时修改"；可如果将计划改为"12个5分钟的构思；12个5分钟的提纲；36个5分钟的素材收集；24个5分钟的写作；12个5分钟的修改"。

当我们的计划以分钟为单位时，我们就会惊奇地发现，我们有限的生命中其实有那么多的时间可以使用，而坐拥如此庞大的时间资源，我们也就掌握了最重要的成功秘诀，突破限制、激发潜能也将水到渠成。

04
如何才能做更有意义的事

"不要和我谈目的、谈理想，我工作的目的就是挣钱，我最大的理想就是——挣足够的钱，不用再工作！"这句话经常出现在我们的朋友圈中，也是很多人的心声。但我们真的已经决定剥夺人生三分之一时间的意义吗？

工作是为了什么？很多人会不假思索地回答——"挣钱"。的确，工作就是为了挣钱，不工作就没有收入，就会连最基本的物质保障都没有。我们将如此宝贵的时间花费在工作上，就应该有意识地去获得远比钱更重要、更丰富的东西。

人们总是想做更有意义的事，而非浑浑噩噩地度过这一生。此时，我们就应当认识到，工作的真正意义远远不止于挣钱。当我们花费如此多宝贵的时间去工作，我们想要得到的或者应该得到的就不只是金钱。

然而，单纯的工作并不会赋予我们金钱以外的其他东西，我们应该主动探索和发掘工作的乐趣和意义，将工作与事业发展、人生目标联系起来。在一份工作中，我们除了能够获得技能的提升、岗位的晋升，还应该明确未来的方向，如此才能细化阶段性的目标，比如某方面知识和技能的习得及提升、比如对某些机会的争取或者放弃，从而在工作中做更有意义的事。

当然，工作是有压力的，偶尔也有繁重得喘不过气的时候，我们或许无法在短时间内就得到所有所需，实现最终意义。但至少，我们应该有这样的意识——

在工作中，除了钱，我们总要获得些其他东西，如技能和人际关系、职业选择和发展，以及对人生的理解和规划。

用新的眼光看待和分析从事的工作，认真地发现工作给我们的机会，而非将金钱作为工作的唯一目的，如此一来，不断成熟和强大的我们才有机会在有限的生命里做更有意义的事。

1. 在工作中学习与成长

要做更有意义的事，我们就必须具备相当的学习能力，做到持续学习、终身学习。无论多么陌生甚至闻所未闻的事物，只要我们花费时间去了解和实践，我们总会达到熟能生巧的程度

工作不是我们对学生时代的告别，而是一种关于学习的延续。即使离开校园、步入职场，我们仍需保持好奇和求知的欲望，不断刷新自己的脑容量，不断更新自己的技术库。倘若只满足于现阶段的知识技能储备，我们也就只能在同一层次的岗位上辗转徘徊。

肌肉会因为缺乏锻炼而萎缩，大脑也会因为长期不运转而"生锈"。我们必须有意识地提升专业技能，而不能满足于手头工作的熟练，在主动学习相关知识和技能的同时，我们才能发掘出更多的潜力，不断丰富自己、提升自己。机会永远是给有准备的人的，努力提升自己才能不错失宝贵的机会。

与此同时，工作中的一个必要课题就是人际关系问题，而这也同样是一道人生难题。人是群居性的生物，有特定的社交需求，但很多人初入职场时却表现得战战兢兢，有些人则不懂得拿捏人际交往的分寸，有些人甚至没有建立起任何关系网络。

而在关于人际关系的课题上，我们在工作中应该能够建立稳定的关系圈，并锻炼自己处理职场"潜规则"的能力。人与人的交往是复杂的，与不同的人交往需要不同的态度和方式。一个稳定的关系圈，则不会因为工作变动而破裂，在相

互帮扶的社交关系下，我们也能得到重要的助力，从而绕开很多不必要的弯路。

2. 别只盯着现在的岗位

在职场上，别只盯着你现在的岗位，因为那并非全部。我们必须努力晋升到更高层次，这当然不是因为高层就不累。相反，层次越高的人也会更感疲累。但只有在不断的晋升中，我们才能获取更多的薪资，满足我们的物质需求；也只有在更高的岗位上，我们才能利用更多的资源，实现我们的自我价值。

我们很难要求自己的主管对每位员工都有深入了解，并为他们安排更具针对性、成长性的任务。事实上，为了追求更高的效率，绝大多数企业都会为各个岗位制定一个基准线，员工只需做到基准线即可；如此一来，各个团队之间的协同性才得以在最大程度上呈现，从而推动企业创造更大的效益。

在实际管理中，基于维护这一协同效应的目标，企业甚至会限制员工主动发展、自由发挥的空间，以免发生不确定性风险。站在管理层的角度，如果每个员工都充分发挥自身的个性，必然会对其管理工作带来极大的挑战。

但无论如何，我们终归有些主动权，我们必须把握住这一权力，争取在岗位上创造出更大的价值，让同事、主管知道我们的能力。无论身处怎样的岗位，我们都要提高目标、实现超越，最起码要在现岗位上超越主管、同事的期待。

在职场上，很多人把自己看作单纯的执行者，只需执行主管交代的各种任务即可。但要切记，我们永远不是简单的执行者，而是价值创造者。

我们不能只盯着现在的岗位，但想要表现出自身的能力也要采取合适的方法，以免事与愿违，反而引起同事或主管的反感。

而最简单直接的方法就是把现岗位工作作到极致，在每次绩效考核中名列前茅，以此展现自己的能力。与此同时，在日常工作中，在团队遇到工作问题时，我们也要主动参与讨论，即使不能解决问题，我们也能从中有所收获。

3. 弯路成就阅历与技能

人生总有弯路，无论我们如何学习成长、调整计划，都不可能避过所有弯路，走出一条直达目标的直线。事实上，我们也无须对弯路避之不及，因为弯路同样可以成就我们的阅历与技能，有时甚至能帮助我们更快到达目标。

弯路其实是选择的后果。当我们因为当初的选择走上这条道路时，不要急着调整方向，而要先分析情况，再整理收获，从而做出合适的调整。

在这个日新月异的市场，人在变，竞争在变，市场也在变。今天的弯路，可能在明天却是一条捷径；今天的独木桥，却可能在明天变成康庄大道。更重要的一点是，今天的弯路，可能在昨天却是我们眼中的捷径。

当我们认为自己在走弯路或走过了一条弯路时，不要急着懊悔或转向，不妨先思考一下：当初为何走到这条路上？当初的选择是否合理？当下的认知是否客观？如此一来，我们才能对这条路产生更加清晰的认知，避免错误转向或轻率放弃。

在这样的判断与思考中，我们也将收获到重要的阅历。人生阅历是宝贵的，人生匆匆不过八十载，职场生涯不过四十年。无论我们走过怎样的弯路，这都意味着，我们见过更多的风景，做过更多的工作，这些都会带给我们相应的经验与技能。

即使是弯路上的经历，我们也要挤压出全部的价值，让弯路帮助我们能够更好地前进，甚至是通过分析转化，将之变为人生的捷径。有时，弯路和捷径其实可以相互转化，关键就在于我们是否善于挖掘并利用自己阅历与技能，并找到其中的结合点。

因此，在一段弯路中，我们无须对过去全盘否定，而应整理收获、收集经验，对未来的道路进行深度思考之后再重新上路。

05
如何在工作中发挥自己最大的价值

我们都想在有限的生命里做更有意义的事，做其他人做不到的事，让自己人生的900格都充满价值。而要实现这一目标，我们就必须在工作中发挥最大价值，让工作为自己带来更大意义。

莫什·梅罗拉曾说过："任何老板都想要找到这样的人，一个能主动承担起责任和自愿帮助别人的人，即使没有任何人告诉他要对某件事负责或帮助别人。"

然而，职场上"事不关己、高高挂起"的心态仍然普遍存在，很多人只是关注本职工作，对额外的工作却毫无热情。如果没有上司的"指令"，他们从不会主动承担起额外的责任或帮助别人。对此，他们都有一个合适的理由："做那么多，又不多给我工资。"

其实，正是这种想法限制了我们的发展，我们的价值也难以真正发挥。因为当我们的付出由工资决定，我们自然不会有出彩的表现，即使能力再强，看起来也会显得平庸，因而也不会得到重视，事业也难以突破。

1. 喜欢、努力然后获得启示

针对如何在工作中发挥最大价值的问题，稻盛和夫曾经明确地给出过答案：尽快摆脱"不喜欢这个工作"的消极态度，并"持续地、拼命地努力，在绞尽脑汁之后就能获得上帝的启示"。

要理解稻盛和夫的建议，我们就要从两个层面来看。

（1）有意识地努力做到"喜欢自己的工作"。很多人都会调侃一句"我工作的目的就是不用工作"，而在这种思维下，工作其实被放在了人生的对立面，但工作真的是生活的负累吗？

让无数人感到烦闷不已的工作，其实也是通往人生梦想的唯一路径。无论你的梦想是成为企业高管，还是电竞高手，一切梦想其实都是在工作中实现的。

毕竟，每天八小时的工作占据了我们人生三分之一的时间。如果这三分之一的人生都被冠以"人生负累"之名，我们的人生也确实承载了太多的负累。

很多人将工作看得很单纯，那就是取得薪资，养活自己，支撑我们的娱乐开支。然而，物质和金钱从来不是获得幸福的源泉，人们的幸福始终在于内心的满足感。物质和金钱或许是一种有效、直接的手段，但同样是一种短效的手段，甚至会让人感到盲目，只有从工作中实现目标，获得满足感，我们才能真正感受到持久的幸福。

人生的意义或许在于享受，但很多人却将享受的时间定格在了人生的三分之二中，白白让自己失去了三分之一的快乐——这是怎样一种愚笨！当我们开始努力"喜欢自己的工作"时，我们也就可以"从工作和创新中寻找乐趣"，并持续不断地钻研创新，在长期持续的努力中，走向更好的人生。

（2）"持续地、拼命地努力，在绞尽脑汁之后就能获得上帝的启示"。当我们朝着既定的目标努力时，很多人总会这样问自己："怎么做才能达到目标呢？"或者"自己的做法对吗？"

然而，问题的结果往往却是没有答案。于是，我们似乎也陷入了山穷水尽、走投无路的境地，很多人也在此时发出疑问："我们的人生还有转机吗？"

时至今日，减肥成为无数男男女女的必然话题，每个人似乎都在减肥，每个人似乎都在健身。但当他们办了昂贵的健身年卡，在最初的热情之后，他们就再也没有见过教练，而随着年卡的到手，他们似乎就已经完成了健身的计划。直到某一天，当他们又一次为自己的肥胖而警觉时，各种减肥药、代餐粉又被加入了购物车。就这样，他们左手健身卡，右手代餐粉，高呼着"吃饱了才有力气"减肥，然后胡吃海喝，但却又在抱怨"这个世界对胖子太残忍"，或是拿着别人减肥成功的对比图骄傲地宣称"胖子都是潜力股"——好像他们已经减肥成功。

无论是在生活或工作中，付出总是让很多人感到痛苦，因为付出似乎总是没有收获成果。但当此时，不妨持续、拼命地去努力，直到你真正绞尽脑汁、竭尽精力之时，如稻盛和夫所言，我们将"获得上帝的启示"，在某个时刻我们终将迎来人生的转机。

2. 价值在付出中体现

永远别让工资决定我们的付出，因为工资的增长总是滞后的，我们的工资事实上由我们的付出来决定。只有当我们的付出、创造的价值超出现有工资时，企业才能认识到我们的价值，在给我们升职加薪的同时，给予我们创造更大价值的机会。

（1）主动承担额外工作。拿到 offer，说明我们的能力足以应对该岗位的工作，但在日常工作中总会出现各种额外的工作，此时，我们能否主动承担下来呢？比如新人的指导工作或突发的紧急任务，这些工作确实是额外负担，但也是难得的机会。

例如，有一天快下班时，领导突然在群里发出一条消息："某紧急任务需要提前处理完成，今晚需要五个人留下来加班，谁有空啊？"此时，你是主动报名，还是装"鸵鸟"？若无人报名，当领导点名到你时，你是"认命"，还是找理由拒绝？

在上述四个选项中，主动报名是好印象，装"鸵鸟"是无印象；点名到你是认可你的能力，而你的拒绝则会产生坏印象。

切记，当团队出现额外的工作时，我们一定要主动承担下来；当团队遇到突发的问题时，我们也要尽量找到解决办法。这不仅是为了在领导面前"刷存在感"，而且是锻炼能力、增长见识、积累经验、发挥价值的绝佳机会。

（2）大胆谏言，创造影响力。职场工作永远离不开各种各样的会议，周会、月会、年会；小组会、团队会、员工大会……但不可否认的是，这些会议大多都无法与"气氛活跃"相关联，职场会议大多是会议主持人的"一言堂"，与会人员则好像课堂里的小学生——"安静听讲"。

这其实与开会的初衷相去甚远，如果只是一个人在会上作出指示，那不如直接群发邮件。之所以采取开会的形式，就是为了在员工的相互交流中，强化工作氛围并集思广益。

因此，面对开不完的会，我们不妨抛掉"浪费时间"的想法，大胆地表达心中的想法、参与到其中。当主持人问"有什么问题、想法、建议、意见"时，不要再默不作声，举手表达你的想法。

会议是表现自己的最佳场合。在这里大胆谏言能够吸引大量的关注，但要注意的是，职场不是娱乐圈，想要在职场创造影响力，只靠"曝光率"远远不够。我们需要提出有价值的问题、建议，如此一来，同事、领导才能认识到你的能力，而能力才是成为企业"网红"的基石。否则，所谓大胆发言就真的只是"冒泡"，毫无价值，甚至引起反感。

（3）乐于助人，提升联结力。相比于社会大环境，职场关系因为利益冲突往往更加复杂。但我们却不可能摆脱与同事的联系，这种联系当然也并非简单的对立关系，而是竞争与合作并存的关系——想要把握好其中的尺度并非易事。

但是，任何人想在职场创造成就、发挥价值，都需要团队的支持，若没有企业的资源、同事的合作，我们的付出没有任何价值。因此，与其把所有同事看作竞争者，秉持"事不关己高高挂起"的态度，不如在能帮的时候主动给予帮助，从而提升自己的联结力。

如此一来，基于同事和团队的认可，我们的付出才能发挥出应有的价值，并在恰当的时机，转变为职位、工资的提升，为我们创造更多价值奠定基础。

06
人生900格自测

人的一生不过900个小格子，当我们在A4纸或Excel里画下这900个格子时，我们就能清晰地看到自己已经度过的人生以及剩余的时间。

如果你初入社会，年龄不过25岁，那你的人生900格则如图6-4所示。

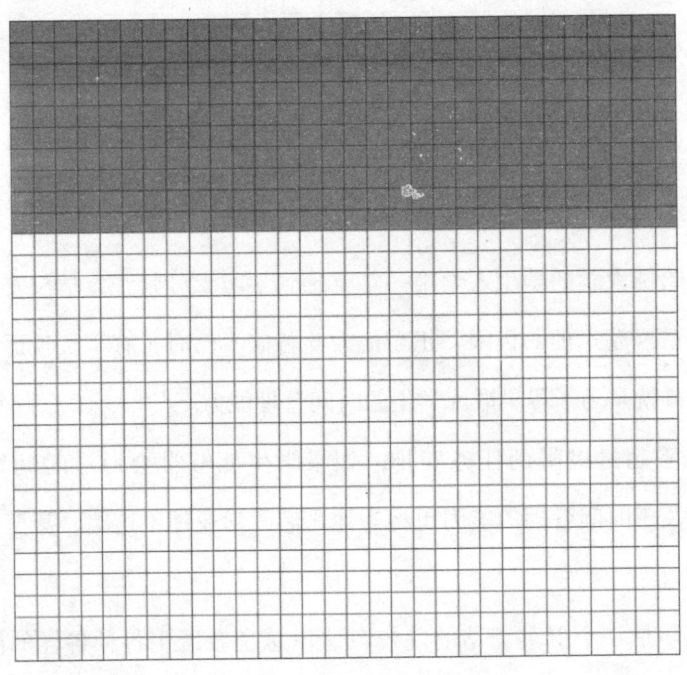

图6-4 25岁时的人生900格

如果你的父母已经50岁，那他们的人生900格则如图6-5所示。

当我们的人生一天天地过去时，我们总是认为未来还很遥远，似乎人生永远不会有尽头。但是当这900个小格子呈现在我们眼前时，我们才会清晰地认识到，所谓人生漫漫终究应是人生苦短。

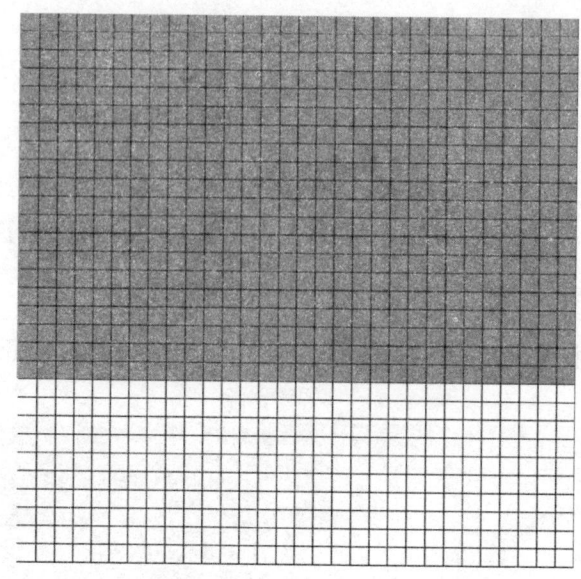

图 6-5　50 岁时的人生 900 格

有一位哈佛大学的学生入学第一年就感到学习十分紧张，学校安排的各项学习任务几乎已经超过他的极限。正当他为此苦恼不已时，有学长告诉他，学校之所以如此安排就是为了尽早锻炼学生的时间管理能力。

面对几乎超过极限的任务安排，如果学生能够学会通过时间管理解决问题，那这种关于时间管理的能力也将为他之后的学业铺平道路，甚至让学生受用终身。

哈佛大学是一个群英荟萃的院校，这里总是会诞生各种各样的能人。有的人在学业上是学霸，在课堂上的发言颇有质量，还能在学校组织各种学习活动，并参加每一场商学院派对；有的人则扮演着多重身份，他们不仅是学霸，同样是混迹伦敦金融圈的融资高手，或是美国人气乐队的鼓手，或是车库里的发明家。

在人生的 900 格里，有的人在 20 岁时创造的成就，就已经超过了别人的一生。而要说其中有什么秘诀的话，那有一个共同的答案就是时间管理。

时间没有暂停键,每一分、每一秒都被我们的行为所填充,而人们不同的行为则会带来不同的结果和人生。时间管理就是为了解决这一的问题,就是要让人生的每一个小格子都充满意义。

其实,时间管理并没有想象中的那么难,说到底,所谓时间管理其实是对事情的管理,即自我行为的管理,是在时间管理的理念指导下,通过有效处理各类事务实现效率提升,进而达到个人生活及工作状态的改变和提升。

我们要管理好自己的时间,只需要关注事件的两大属性,即重要性以及紧急性。正是根据这两大属性,在新一代的时间管理理论中,时间管理的优先矩阵成为时间管理的基本工具,如图6-6所示。

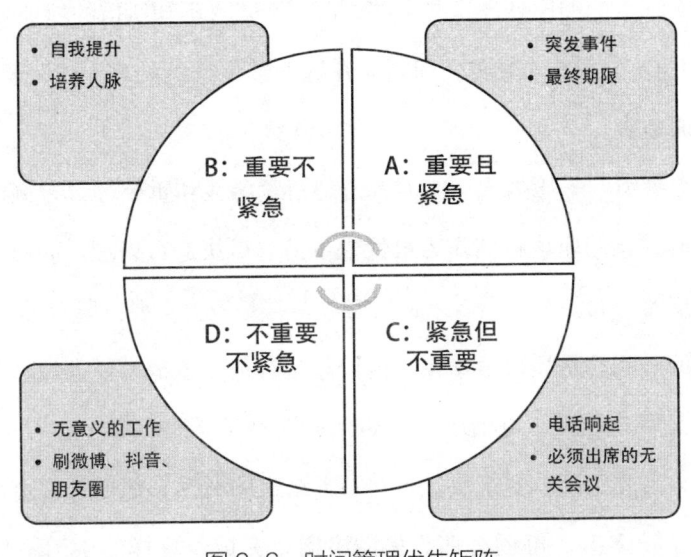

图6-6 时间管理优先矩阵

为了便于叙述,我们可以将这四类象限按顺序分为A、B、C、D四类事件,A为重要且紧急事件,B为重要不紧急事件,C为紧急但不重要事件,D为不重要不紧急事件。

基于时间管理理论,人生900格自测,其实就是测试自己能否正确处理生活中的各类事情，让时间发挥最大的效率、创造最大的价值。

比如，当我们需要在上午处理以下工作时，要如何决定孰先孰后呢？（1）到餐馆订餐，并检查环境、设施；（2）打电话给甲公司的甲约定晚餐安排；（3）编写寄给乙公司的电子邮件；（4）打印工作报告；（5）安排老板的一场客户见面；（6）打电话给同学丙；（7）报销费用。

如此繁多的事情常常让人感到无从下手，但如果运用时间管理的优先矩阵，我们就能在10分钟之内轻松安排好这半天的工作。按照重要性和紧急性对这些事情进行划分时，我们会发现，A类事件有（5）（3），B类事件有（7）（4），C类事件有（1）（2），而（6）则属于D类事件。因此，我们可以依照（5）（3）（7）（4）（1）（2）（6）的顺序处理这些事件，而不必陷入不知所措的境地。

但在工作与生活中，很多人却容易在这四类事件的处理上走向极端，对此，我们也要实时自省。

（1）A类事情——压力人。A类事情是指紧急性和重要性都很高的事，当遇到这类事情时，我们应该将其作为最优先事情，尽快进行处理。而压力人则表现出了颇为极端的一面，在他们看来，所有事情都是极为重要且紧急的。

压力人的时间总是显得很紧张，他们总是有很多事情需要去做，想让他们休息下来实在是困难之极。每当压力人遇到一件事时，他们都会迫不及待地完成，也因此，压力人的生活节奏很快。可在一天结束的时候，他们常常会发现，明明自己已经做了很多事，可还有那么多的事需要完成。这样的生活不仅让压力人活得疲惫，也会让身边的人感到无所适从，他们会害怕耽误、"浪费"压力人的时间。

对于压力人而言，一张按照重要性排列的清单是绝对必要的，只有列出了这样一张清单，压力人才不至于在不断出现的各种事情中迷失了方向，浪费了时间。

（2）B类事情——从容人。B类事情是指一些重要但不紧急的事情，从容人则深刻地认识到了重要性与紧急性的区别，能够将自己的时间更多地投入到重要而不紧急的事情之中，这样事到临头的时候，他们才能显得从容不迫。

从容人知道哪些事情是重要的，因此，他们会早早安排好自己的时间规划，确保自己的工作、学习不会被不重要的事情干扰。

但从容人却可能会忽视紧急事项的处理，因此，对从容人来说，一张时间规划表是必不可少的，他们需要对那些紧急事项及时处理，以免沉浸在重要事情中耽误了紧急事件。

如果我们能够把需要处理的事情按照重要性和紧急性进行排列，一旦养成习惯，成为时间的掌控者也指日可待！人生需要在自我实现中获得自我满足，而目标实现所需的那些事情才是最重要的，其他的任何事情都可以"靠边站"。

（3）C类事情——无用人。那些紧急但不重要的事情被划分为C类事情，我们的生活与工作中存在大量的C类事情，但如果有人把时间都耗费在了这些事情之上，坦率地说，这种人就是"无用人"的代表！

"我都计划好了要做什么，可总是有些事情打扰我。"对于很多初学时间管理的人来说，他们总是会产生这样的抱怨。确实，生活中有太多的事情需要及时处理，有时我们不得不放下手头的事情优先处理这些紧急事情。

正是因此，我们往往并非没时间可用，而是没有将时间用在重要的事情上。于是，我们的时间消耗了、目标却没有实现，我们成为时间管理矩阵中"无用人"的代表。时间是最公平、最可贵的财富，有的人的时间很廉价，开开会、打打电话就过去了，有的人的时间却在持续为其创造价值，带来满足。

（4）D类事情——懒惰人。D类事情既不重要，也不紧急，但往往会让我们沉沦其中、无法自拔。玩游戏、看电视剧、看小说，这些都能让我们获得一种心灵上的愉悦，但要说它们有多重要、多紧急——除非我们从事的是行业相关的工作。因此，将时间都浪费在 D 类事情上的人，必然是"懒惰人"的一员！

我们常常会说一个人很懒："就知道玩游戏、上网、看小说。"但他们却也有自己的辩解："劳逸结合。"在时间管理中，我们从来不曾否认劳逸结合的重要性，但当"懒惰人"说完"让我休息一会，上会儿网、看会儿电视"之后，他们就躺在床上安心地睡觉了，至于有什么事要处理的，"明天再说吧"……

我们知道，每个人都有惰性，正是因为这样的惰性，D 类事情虽然既不重要，也不紧急，却往往耗费了大量的时间。人的惰性在于对辛苦、失败的恐惧，在于对自己的放纵，于是，我们开始做一些不重要、不紧急的事情，它们既不辛苦，也没有失败可言，我们安逸于此，却一事无成。

如果不想成为一事无成的"懒惰人"，我们就必须放弃那些不重要、不紧急的事，以实际的行动、有限的时间，去拥抱无限的可能与未来。

07
"幸运"的秘密

夏梦莹于 2015 年 10 月底正式加入三度，从一个基层员工成为现在的辅导中心总经理，以及《演说系统》《管理落地》的导师。一路走来，很多人羡慕夏梦莹的幸运和顺利，羡慕公司领导对他的栽培和指导，羡慕公司伙伴对她的支持。但在这份"幸运"的背后，夏梦莹却有自己的感悟，在三度的生涯也被她划为了三个阶段。

第一段：入职时的销售之路。

刚来三度时，夏梦莹面试的岗位是主持人，可入职后，公司却说要从销售做起，只有第一个月开出 5 个会员才可以转正。此时，如果是你，你会怎么做？

夏梦莹大学毕业后就一直从事销售工作，之所以来三度正是因为不想再做销售，只想做主持。但幸运的是，面试夏梦莹的是三度的优秀导师——袁老师，正是在与袁老师的沟通中，夏梦莹相信，在这家公司能够让她成长、学到东西——即使那时公司还没有完善的培训体系。但是，凭借之前的销售功底及人脉资源，夏梦莹得以顺利在一个月内转正。因此，夏梦莹总是认为现在入职的伙伴们很幸运，因为今天的三度有完善的培训体系，而大家要作的就是朝着目标行动起来。

第二段：转正后的主持之路。

顺利转正之后，夏梦莹以为自己终于可以专心做主持工作了，但公司又安排她做袁老师的助理兼主持，而且薪资不变。在协助袁老师管理团队的同时，夏梦莹每次小场主持只能拿到几百元的补助。对此，夏梦莹欣然接受，因为她认准了袁老师的才华，认为他值得自己跟随。然而，漫长的助理工作，却让夏梦莹根本没有机会去做主持，这漫漫无期的等待，真可以用"煎熬"来形容……就这样坚持了一年，拿着微薄的收入，面对生活的压力，夏梦莹一度产生放弃的想法，还好她坚持了下来。

直到 2017 年，夏梦莹终于正式开始主持大课，但科班出身的她仍然显得措手不及。因为对三度的主持人而言，主持只是最基本的技能，同时还要负责现场的所有人员统筹管理、现场运营、设备跟进等，只要课程现场要做的都与主持有关，主持的责任就是能让课程顺利并成功地举行。一次次地犯错让夏梦莹颇受打击。但她顶住压力，调整好状态，继续投入到工作中去。

"幸运"的夏梦莹坚持了下来，这当然离不开她的贵人——袁老师。袁老师的指引和教导，当然还有严厉的批评与教育，成就了现在的夏梦莹。这就是夏梦莹的第二段经历——主持之路。

第三段：正在进行时的导师及总经理之路。

在成为导师之前,有人曾对夏梦莹说:"梦莹,我们公司一直在说培养导师,可却一直停留在说的层面,这样下去导师之路遥遥无期啊。"还好"幸运"的夏梦莹对此也只是听听而已。

一段时间后,公司开始安排夏梦莹来讲课,夏梦莹当时的内心既有惊喜,又有压力。"我真的可以吗?"当时身边很多人也都发出这样的质疑:"你真的可以吗?主持和讲课可是不一样的。"

但在夏梦莹看来,别人越是不相信,她就越要做给他们看。夏梦莹当时就下定决心,不仅要讲,而且要讲好!

跟着袁老师学习、积累下的经验,加上自己的主持经验和功底,以及公司领导的信任,这些成为夏梦莹踏上讲师之路的重要基石。即使如此,原本公司在2019年初就安排夏梦莹讲课,但她却一直告诉自己要先好好磨刀,不讲则已,只要讲就必须成功。直到2019年底,夏梦莹一直都在沉淀和积累,在对课程的不断打磨中,夏梦莹建立了辅导中心系统体系和流程,让辅导中心成为课程辅导体系最完善的部门。2020年年初,突如其来的新冠肺炎疫情给三度带来了巨大的挑战,3月,有个客户非常着急,并且想要退款,这时夏梦莹抓住机会、迎难而上,由此迈出了讲课的第一步。

时至今日,夏梦莹不仅讲《管理落地》课程,还开设了《演说系统》课程,客户满意度100%。很多客户甚至追问下一期的举办时间,想带着身边人过来一起听。

这些看似一帆风顺、"幸运"的经历,都离不开夏梦莹的努力付出。她认为,不要总是抱怨没有路,路是靠自己走出来的,机会是靠自己争取的,抱怨没有任何用,唯有努力才能获得自己想要的人生。

08
人生就是不断修炼的过程

1993年出生的王超群是2015年加入三度的老员工之一,经过五年多的奋斗,他已经成为三度集团杭州分公司总经理。

2015年7月,王超群正处于大三升大四的阶段,深感普通二本就业压力大的他,带着梦想独自来到上海打拼,他当时的目标很简单——改变命运。王超群与三度结缘,于2015年7月15日正式入职。那时公司人还很少,很多方面都不够完善,但是王超群的目标却很明确:努力提升自己,成为像其他老师那样的资深顾问。

从此开始,王超群每天起早贪黑,大量拜访客户,从入职第一个月开始,连续22个月保持每个月开单的状态。2016年7月大学毕业后,王超群于同年8月8日晋升主管,带领六个人组成长城队。

2017年5月1日,王超群被委派到杭州开设集团第一家直营分公司,正式担任分公司营销副总。王超群深知责任重大,因此加倍努力。到2017年底,杭州分公司平稳度过初创期,并在半年多的时间里实现业绩1003万元。其中,王超群个人就贡献了将近700万元的业绩。在当年年会上,凭借突出业绩,王超群更是斩获最佳效益奖等五大奖项。

2018年初,王超群晋升为分公司总经理,但到了下半年由于母亲病重,王超群不得不暂时脱离岗位,回家照顾母亲。没想到,才离开半年时间,杭州分公司业绩就出现明显下滑。2019年初,带着满满的决心和信心,王超群重新回归工作岗位。在杭州公司全体员工的共同努力下,年度业绩突破1700万元,重新夺得分公司业绩第一名。

在回顾担任分公司总经理将近三年的感受时，王超群深刻认识到，人生就是一个不断修炼的过程！他非常庆幸自己加入三度这样一个平台，充满正能量、拼搏、感恩、上进与梦想，在追寻梦想的同时能够让自己变得更有价值。

WENHUA FUNENG
文化赋能

第七章

文化是行动：
如何打造企业文化

一个企业就如一部机器,而这部机器则主要由两组部件构成,即文化与人。文化不仅是思维,更需要在行动中打造完成。对企业而言,优秀的文化不仅能推动各项问题的妥善解决,更可以在企业内部营造一个充满想象力和创造力的工作氛围;也正是在这样的环境下,人才才能充分发挥其品格及能力,将热情与工作合而为一,并与志同道合者一同成就伟大事业。

01
什么样的企业文化才是良好的文化

企业文化对于企业运营的重要性已经无须赘述，但文化本身就是一个兼容并包的概念。在着力打造企业文化之前，企业大多会陷入一个难题：究竟怎样的企业文化才是良好的文化？

从创始人基因开始，在企业前进的每一步中，企业文化都在逐渐积淀并最终形成。在这个过程中，企业的任何成员都难以发挥决定性的作用，只有得到全体成员的接受并实践，相应的文化才能形成，而企业创始人或管理者在其中能发挥的仅仅是引导作用而已。

当一个组织的所有事情都围绕一个统一的基准原则展开时，团队的统一性就越来越强，沟通效率就越来越高，企业文化也就由此形成。

1. 关于企业文化的两个误区

基于企业文化的复杂性、多元性，在谈论何谓良好的企业文化之前，企业首先要认清企业文化的误区，避免打造出不好的企业文化。

（1）虚伪不走心的企业文化。在实践中，我们经常能够看到这样的现象：企业的墙上挂着大量的口号；每天的晨会上全体员工都要唱"司歌"；每到季末或年末，员工则要写工作总结，并开大会作分享……每天重复地灌输企业文化，但最终却毫无效果——因为在员工看来，这样的企业文化实在虚伪，打造企业文化的方法也根本不走心。

企业文化是企业管理的润滑油，但虚伪的企业文化却根本无法迎合企业发展和员工成长的需求，甚至在借鉴而来的口号与司歌中，连企业创始人和管理者都未曾认可，那这些所谓企业文化自然不可能发挥作用。

企业文化必须远离虚伪和不走心，只有创始人和管理者发自内心相信的东西，才有可能赢得全体成员的认可，并最终发挥应有的效用。

（2）自娱自乐的企业文化。企业文化并非一个小圈子自娱自乐的文化，而是有其明确目的性的，是与目标业务及客户紧密相关的，只有在这样的企业文化中，企业才能持续为目标客户创造价值，并实现自身的持续发展和盈利。

在一个初创企业中，三五志同道合的好友之间，很容易形成一致的企业文化，大家相互合作、愉快工作。但这样的文化是否能够赢得目标客户的认可呢？

在企业提供的所有产品和服务之中，都深深地烙印上了企业文化的特征。如果企业文化只是创始人的自娱自乐，却与企业业务、战略无关，由此而生的产品和服务也就不可能推动企业业务和战略的发展。

2. 工作原则应与成员生活原则相契合

如果将企业文化理解为企业发展所需的工作原则，那么，一个良好的企业文化就必须保证，其工作原则与企业成员的生活原则相互契合、保持一致，尤其是在企业运营的核心事项上——岗位工作及团队合作。

在一个良好的企业文化下，企业成员将感受到工作原则和生活原则的一致性，这就意味着，他们完全无须改变、调整或隐藏自己习惯的生活原则，即可快速融入企业的工作氛围当中，并与其他成员和谐相处、协同合作。

相反，如果企业的工作原则与成员生活原则相背离，这种冲突就会影响成员的工作状态，使成员陷入困惑。比如热衷育人的教师与只顾赢利的培训机构，或是坚持努力的员工与只看风口的投机企业。

工作原则并非"顾客至上""争做龙头"这样的标语口号，而是一种具体的阐述、完整的指南，每个企业成员都能看懂、遵循和践行。

举例而言，在全体成员与企业都共同遵循的"幸福"目标下，一个"幸福企业"的企业文化就可以融入"加减乘除"四大原则。

（1）"加"幸福范畴。领导者应当在企业内部树立这样一种理念——"幸福就是让每个人都拥有幸福"，在追求幸福的过程中，不存在"让先幸福的人带动后幸福的人"，企业的幸福基于内部每个人的幸福，而企业成员的幸福也会相互影响。如果要给企业的幸福打分，那这个分数就是企业所有成员幸福指数的平均数。

（2）"减"幸福干预。在追求幸福的过程中，必然存在各种艰难险阻。此时，有些领导者则会"出于好心"急于帮员工排除阻碍。然而，幸福领导力的关键在于引导员工的自我管理，做得越多，效果反而越差。领导者应当减少对员工幸福的强制干预，只做自己应该做的事，不要因为所谓"溺爱"，让员工无法长出飞往幸福的翅膀。

（3）"乘"幸福文化。幸福感的重要来源就是企业文化和价值观，如今，能够挣钱的企业很多，但能够让人开心工作的企业却很少。在赋予员工"幸福驱动力"的过程中，最重要的手段就是培育企业幸福文化，形成和谐、积极的文化氛围。让员工在相互激励中，在对企业文化和价值观的认同中，找到归属感，感受到"家的幸福"。

（4）"除"消极心态。企业文化是一种外部感染力，然而，纵使周围所有人都说着"你能行"，而员工自己内心则坚持"我不行"，那也会事倍功半。事实上，很多人都因为对未来的不确定，而产生这种消极心态。因此，领导者也需要引导员工建立自信心，通过沟通消除员工的消极心态。

在关于工作原则与生活原则的契合，或者关于幸福工作与幸福生活的问题上，企业文化要做的就是引导员工从事有意义的工作，实现自己的价值，并建立有意义的人际关系，感受到真心与关爱。

02
塑造热情、踏实、努力、持之以恒的工作文化

企业作为一个组织的核心内涵就是工作，因此，企业文化的打造首先也落脚于工作文化。事实上，很多企业理解的企业文化其实也只是工作文化而已。

作为企业文化的重要组成部分，工作文化的塑造则需要基于企业对员工工作方式、工作能力的需求。一般而言，热情、踏实、努力、持之以恒是企业必需的工作文化，因为在这样的工作文化下，员工也将朝着某个方向，热情饱满地坚定前行，直至达成目标为止——而这个目标正是企业文化中的愿景。

愿景是人们向往的一个前景。作为一个前进目标，愿景不像信仰那样难以塑造和统一，也不像计划那样缺乏主动性和时效性。员工的工作需要意义和意愿，这是塑造工作文化的逻辑原点，也是愿景的意义所在。

在企业愿景的描述中，企业的明天也是员工的希望，员工的发展也将造就企业的辉煌。在创始人、管理层与员工的共同努力中，企业所有成员都将在愿景的号召下，向着新的征程一起出发。

想要依靠愿景塑造工作文化，企业就要先从员工的角度进行思考：在员工看来，自己的工作意义在哪呢？首先是满足自身的生存需求，其次是满足自我实现的需求。毕竟，能够挣钱的企业很多，行业内的薪资差别也不会很大，他们之所以仍然留在某家企业，并非因为"习惯了"，而是因为这里能够为其提供更大的发展空间。换句话说，他们认可企业的愿景，认为企业的明天就是自己想要的明天。

企业需要明白的是，所谓愿景虽然是对企业发展目标的描绘，但事实上，愿景却是在为员工的工作构建意义和意愿感。

在日常工作的各个环节中，管理者经常会提及关于愿景的内容，但可能他们自己都没有意识到这一点。比如在面试时，面试官都会谈及企业的发展前景；比如在年初员工大会上，老板都会谈及今年的年度目标……这些其实都是对愿景的一种描述。管理者之所以没有意识到，正是因为，他们只是随口一说；而在员工看来，这样缺乏细节描述的愿景，则等同于"画大饼"。因此，愿景起到的作用也微乎其微。

1. 构建工作意义、增强意愿感

只有从事一份有意义且有意愿的工作时，员工的热情才会被充分调动，他们才会在企业描述的发展道路上踏实努力、持之以恒。因此，企业的工作文化就需要为员工构建意义、增强意愿感，这就需要管理者在与员工的沟通中引导形成（见图7-1）。

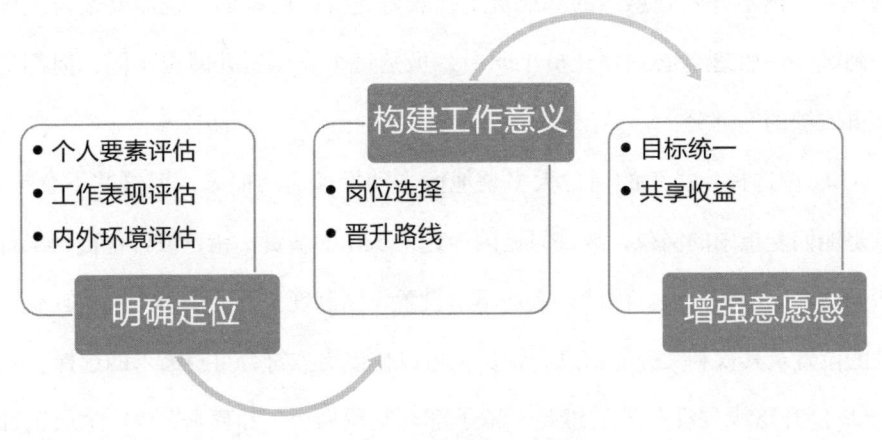

图 7-1　企业工作文化的作用

（1）明确定位。对不同员工而言，其在工作中需要的意义和意愿感也有所区别。因此，管理者首先要帮助员工进行自我定位，这就需要一次全面的员工评估。

① 个人要素评估。性格决定成败，心态决定命运。在个人要素评估中，员工

要对自身的能力、兴趣、性格等个人要素有一个明确的认识。其中，工作能力决定了自身完成任务和学习成长的能力，兴趣爱好决定了自己能够付出的热情，性格特长则决定了自身与岗位的匹配程度。

② 工作表现评估。个人要素虽然会限制员工的前进方向和距离，但这并不能直接决定员工的工作表现。在实际工作中，很多员工明明个人素质能力很强，工作表现却差强人意；相反，有些性格木讷的业务员，在与客户沟通时却能侃侃而谈。理论需要与实践相结合，员工的自我评估也要充分考虑实际的工作表现。

③ 内外环境评估。环境对个人的表现与成长都会产生很大的影响，诸如团队关系、企业氛围、市场环境、社会环境等外部因素，都会直接影响到员工的需求。因此，在自我评估中，也需要对企业内外部环境进行评估。

（2）构建工作意义。在企业的有序运营中，任何一环都不能脱节。高高在上的管理者，离不开勤勤恳恳的基层员工；衣着光鲜的白领们，也需要辛苦工作的保洁阿姨……管理者必须要让员工明白，虽然每个员工所处岗位不同，但都是企业不可或缺的一部分。

① 岗位选择。员工的岗位大多是他们主动投递简历而来，但这并不意味着，这就是他们梦想中的岗位，或许只是因为这份工作的薪资不错，或许他们也未曾充分认识这个岗位的价值。因此，企业不妨设置轮岗制度，并明确每个岗位在企业中所处的位置及其权利义务等信息，让员工可以作出更加符合自身需求的选择。

② 晋升路线。没有员工想要一辈子都在基层做个"小喽啰"，每个员工都有晋升需求，但企业的晋升机制要避免晋升路线的单一性。很多企业的晋升机制都很简单，那就是在管理条线上不断往上爬，从基层管理到中层管理，乃至高层管理。但除此之外，很多员工其实希望获得技术类的晋升，通过增强工作技能成为技术性人才，因此，企业还应根据自身情况设置专业条线、创新条线等晋升路线。

基于轮岗制度和晋升机制，员工能够充分认识各个岗位，并找到适合自己的岗位，而管理者也可以借此帮助员工构建工作意义。

（3）增强意愿感。当员工能够明确自身工作的意义时，帮助员工增强意愿感也就成为顺水推舟的事情。企业要作的就是让员工相信：企业的发展方向，与员工的幸福目标是统一的，伴随着企业的不断发展，员工也能够与企业共享收益。

此时，员工自然愿意全身心地投入到工作中去，主动增强自身工作技能，并积极为企业发展出谋划策。因为员工明白，这既是为了企业的明天，也是遵循自身的意愿。

2. 企业愿景绝非一个美丽的"大饼"

在关于企业愿景的设定中，我们必须要做到：企业的明天就是员工的希望。企业与员工是相辅相成的关系，企业依靠员工而发展壮大，员工也因为企业而实现价值——只有在这样的关系下，企业才能为员工的工作构建出非凡的意义和强烈的意愿感。

然而，很多企业描绘的愿景却就如"画饼"，这不仅无法得到员工的认可，反而会被认为是"虚伪"。其实，在以企业愿景塑造工作文化时，企业确实是在画一幅美丽的蓝图，但通过企业与员工的共同努力，这张图纸却完全能够变成现实。

（1）让愿景更加可信。企业必须让员工真正相信愿景，如此才能完成工作文化的塑造，这就需要注重愿景的清晰化、平衡性和唯一性。

① 愿景清晰化。对愿景的描述一定要做到清晰明确，企业甚至可以为之作出一份"可行性报告"，让员工明白：企业的愿景是什么？企业的愿景是否可以实现？更为重要的是，企业的愿景是否与员工的追求相符？通过这样的清晰描述，让员工在自主判断中清楚认知愿景。

② 愿景平衡性。愿景是一个远大的目标，需要企业所有成员的共同努力，但

也因为这个目标有些远大,其实现过程必然较为漫长和艰难,员工很可能失去耐心或信心。因此,在提出愿景之后,企业要作的就是不断提醒员工:愿景就在那,我们到哪了、我们快到哪了。从而不断激励员工前行,让员工知道,自己的努力正在发挥效用。

③愿景唯一性。在对愿景进行描述时,企业各级管理者都要保持谨慎和严肃的态度。因为,愿景是具有唯一性的,如果企业有很多愿景,甚至还会频繁变更,那这个所谓愿景就真的是在"画大饼"。愿景是企业发展与员工追求的统一,稍加更改都可能让愿景脱离员工的追求,因此,企业一定要综合考量之后,再对愿景作出描述,并在修改调整时保持谨慎、充分沟通。

(2)让愿景切实可行。愿景的实现是一个长期的过程,需要每个企业成员的热情、踏实、努力和持之以恒。但无论如何,远期目标总会让人感觉遥远,而不知眼下该如何踏实努力,甚至对愿景的实现产生怀疑。因此,企业在维护工作文化时,就要让愿景切实可行。

①目标要具体。企业应明确在每个阶段应达成怎样的目标。这个目标并不能像总体目标一样笼统,而应该尽量作到量化。如此一来,在具体的阶段性目标的指引下,企业就可以制订出相应的工作计划,员工也可以在工作中有明确的目标感。

②阶段要明确。通常来说,对阶段的设置可以按照历法时间进行,比如年度、季度或是月度。个别公司也可能有其他划分方法,但要注意的是,要避免阶段时间过短。只有在较长阶段时间内,员工才拥有更大的发挥空间,发挥其主观能动性。

③及时奖惩。阶段性目标一旦设立,企业就要在每个阶段结束后对员工业绩进行考核,并据此进行奖惩。对于圆满或超额完成目标的员工,应给予奖励;而对于没有完成目标的员工,要帮助其完善工作计划;对于业绩与目标相差太多的

员工,则要适当给予惩罚。

④ 民主决策制。企业、管理者和员工处于一个"大家庭"中,愿景则是大家共同的目标,因此,企业的工作文化中必须包含民主这一内涵。无论是目标、制度的制定,还是职权的分工明确,或是考核制度,都应当进行民主决策,综合考量员工的建议和意见。

03
打造相信求真和匠心的产品文化

时至今日,随着同质化竞争的不断加剧,任何产品都已经很难依靠单一功能赢得市场,此时,我们只能通过求真和匠心,不断打磨产品的各个细节,通过做到极致的产品来建立市场口碑。

20世纪60年代,我国的连环画泰斗贺友直就一直自称"大匠人",在闹市间蜗居数十年,每日挥毫不止,最终创造性地将中国传统线描与西方写实造型相结合,将传统线描艺术推向高峰,创作出《山乡巨变》《白光》等佳作。

在文化领域却有一个独特的现象,任何词汇、概念如果被频繁提及,似乎就失去了其文化作用,人们则开始不愿提起甚至不愿相信。求真和匠心也同样如此,在市场节奏持续加快的当下,过去不过两三年,很多曾追捧匠心文化的人却不愿再细心地打磨产品,而急切地希望通过某一款产品获得快速成功,一旦失败则快速切换赛道重新尝试。

事实上,我曾服务过的一家品牌——泽十字,其创始人王胡宾就是因为学会了对匠心的坚持、对学习的热爱,而做大做强了。泽十字是一家具有行业影响力的护肤品牌,创始人王胡宾在接触三度集团之前,企业做得也不错,但没有好的人才和模式，实现规模化发展。因为地处昆山，一些人才往往不愿意过来，都觉得企业的发展前景小。王胡宾在接触三度集团之后，与三度集团深度链接，坚定了对求真和匠心的信念。

王胡宾一直都相信，产品研发并非一朝一夕可以完成，必须在持续优化和迭代中，才能为更多客户带来成果，进而成就员工、成就企业。

在我们的辅导下，王胡宾决心继续坚定前行，向着"成为世界护肤品牌，做健康肌肤的守护者"的愿景努力。在这样的坚持中，很多人才都愿意加入王胡宾的团队，泽十字的发展迎来了几何式的增长，扩展门店两百家以上。也因为有了清晰的愿景，大家都明白泽十字未来将是一家世界级的企业，而非"昆山第一""苏州最强""江苏龙头"，他要做的很简单——就是"世界品牌"。

求真与匠心、信念与坚持，正是这些帮助泽十字吸引到顶尖人才，为走向世界奠定了基础。

1. 相信求真和匠心

无论经济如何发展，市场如何变化，求真和匠心其实都是企业成功的关键。企业运营就是要了解市场和产品的真相，并找出其间的共性，设计并推出符合市场真实需求的产品。这一过程就是企业运营的核心，无论它被称作求真、匠心还是其他。

求真之所以被很多企业排斥，并非因为求真无效，而是因为他们害怕求真，害怕面对事实。正如一个病人，他很可能会害怕医生出具的诊断报告，害怕诊断报告显示他患有癌症或其他致命疾病，很多企业同样会存在这种恐惧，害怕在了解真相之后发现企业已经病入膏肓。

然而，病人只有在了解病症之后才能寻找合适的治疗方案，企业也只有在了解真相之后才能制订有效的运营方案。如果没有求真，那我们如何进行科学决策？如果没有匠心，企业又如何砥砺前行？

2. 打造求真的产品文化

求真和匠心是企业保持持续发展的重要素养，只有如此，我们才能不断打磨产品，持续满足客户需求。因此，我们在打造企业文化时，就必须打造相信求真和匠心的产品文化。

为此，企业必须营造一种求真的氛围，让企业成员有权了解事实，且必须表示认可或表达异议。

在企业运营中总会出现这样的现象，当管理者公布某一事情时，或公开征集意见、共同商讨方案时，没有人表达意见或异议。但当真正执行时，却总有很多人私下表达不满，或是阳奉阴违、消极执行。

开诚布公不仅是企业成员的一种权利，更是一种责任。尤其是在求真的产品文化下，任何隐瞒或过滤都将成为产品进程中的一种隐患。因此，在打造求真的产品文化时，企业尽可以作到极致，要求每个成员尽情表达观点并对观点负责，在绝对的开诚布公中达成一致，即使无法达成一致也要理解彼此立场并明确解决分歧的办法。

3. 打造匠心的产品文化

匠心是一种蕴藏于每个人内心深处的一种精神，是一种关于细致、极致的精神。在产品文化的打造中，与求真相比，匠心看似无着处，但其实同样有迹可循，企业可以从"守、破、离"三个层面打造企业的匠心。

（1）守：长久坚守。匠心之所以开始被潮流抛弃，正是因为很多人无法做到长久坚守这一基本要求。很多人都知道"一万小时定律"，知道1万小时的锤炼是从平凡变成大师的必要条件，但真正能够撑过这1万小时的却寥寥无几。为此，企业在打造匠心的产品文化时，就要从长久坚守出发，避免过多的短期KPI使员工不得不放弃关注长远收益。

（2）破：完善突破。匠心并不意味着对古老产品的固执坚守，企业当然可以追随风口以享受风口的红利,但如齐白石所说:"学我者生,似我者死。"盲目地模仿或追随,只会让企业陷入绝境。匠心需要坚守,但更需要在坚守中突破,扬前人所长而补其短,在推陈出新中别开生面;即使企业通过抢占风口获得了先机,也要在持续地迭代中保持优势,抢占用户心智。

(3)离:颠覆创新。同质化的恶性竞争、行业龙头的垄断,在很多企业眼中是"遍地都是红海、处处都是死路"。但正是在这种局面下,我们更要依靠匠心文化的积累,在颠覆式创新中实现质的飞跃。为此,企业则要鼓励"异想天开",包容"离经叛道",为颠覆式创新营造优良的土壤。

04
打造宽容、上进、谦虚、坦诚的人际关系

在良好的企业文化下,每个人员都能做有意义的工作,发展有意义的人际关系。其中,有意义的人际关系对于企业文化的打造而言尤为重要,因为只有在成员间的信任和支持下,企业文化才有可能形成,并推动伟大事业的成功。

桥水基金是世界头号对冲基金,在2016年3月进入中国市场时,华尔街甚至将其评论为"全球最大的鳄鱼闻着腥味来中国了"。且不谈桥水基金在金融方面的突出成绩,只说其独特的企业文化,我们则更能理解何谓有意义的人际关系。

在桥水基金的企业文化中,有大量的篇幅是关于人际关系的打造,其中有这样几个要点值得借鉴。

(1)为人要正直,也要求他人保持正直。如果不想当面议论别人,背地里也不要说,如果要批评别人就当面指出来;不要因为忠诚某个人而阻碍追求事实或机构利益。

（2）要保持极度透明，让员工了解情况，并利用所有员工的智慧和洞察力寻找解决之道。通过透明实现正义；分享最难分享的事情；把极度透明的例外事情减到最少；确保获得信息的员工明白管理好信息的责任；注意保护敏感信息。

（3）对人际交往要一清二楚，明白什么是慷慨，什么是公平，哪些是占便宜。确保员工更多地体贴他人，而非索取；确保人人都理解公平合理与慷慨大方的区别。

（4）机构规模过大会对有意义的人际关系构成威胁，企业要珍视诚实、专业、表里如一的员工。

很多人将桥水基金的企业文化和管理方式形容为"疯狂"，但桥水基金创始人瑞·达利欧却在《原则》一书中坦率地给出了反问：请想一想，以下究竟哪种方法疯狂，哪种方法明智？

（1）使人都追求事实和公开透明的方法，还是使多数人把真实想法隐藏在心底的方法？

（2）把问题、错误、弱点、分歧都摆到桌面上认真讨论的方法，还是不把问题直接摆明也不进行讨论的方法？

（3）不论等级任何人都有权提出批评的方法，还是以自上而下为主的批评方法？

（4）通过大量数据和广泛人际交往对人进行客观评价的方法，还是更随意地评价人的方法？

（5）推动机构追求高标准，从而从事有意义的工作、发展有意义的人际关系的方法，还是区别对待工作质量和人际关系，而且标准不高的方法？

你认为哪种机构能为员工创造更好的发展机会，让彼此建立更深层次的人际关系，产生更好的业绩？你愿意你所在的机构和领导者采用哪种方法？你希望执掌政府的人遵循哪种方法？

如果一个组织中的绝大多数人都希望追求卓越，那他们就会付诸行动，并在相互协作中形成更好的人际关系和更佳的工作业绩。而为了营造相应的文化土壤，企业文化就要注重打造宽容、上进、谦虚、坦诚的人际关系。

1. 既非团队，也非家庭，而是家族

在形容企业内的人际关系时，很多人会将之形容为团队关系或家庭关系。前者考量成员的贡献和团队的能力，后者则意味着无条件的爱和永恒的关系。

但在企业运营实践中，我们却能感受到二者的不足。团队关系过于片面地强调工作合作关系，但随着企业规模的扩大，部门或团队间容易因利益冲突形成壁垒，沟通渠道也因此难以保持畅通；家庭关系则更容易让企业陷入尴尬，不够彻底的家庭关系会使企业文化显得虚伪，而彻底的家庭关系又可能损害企业利益。

相比于团队或家庭关系，企业文化在打造企业内人际关系时，更应当从家族关系出发，以家族企业的思维进行运营。因为在一个家族企业中，成员间的关系能够更加亲近，并在相互帮扶中持续成长，但如果某个家族成员表现不佳、无法跟随成长，则理应离开企业，因为这会损害整个家族的利益。

2. 人际关系的四个关键词

在打造企业内人际关系时，企业必须遵循四个关键词，即宽容、上进、谦虚、坦诚。

（1）宽容。每个人都会犯错，但成功正是源自错误带来的教训。如果企业对错误零容忍，那员工只会在"不做不错"中止步不前，因此，企业要营造一个宽容的人际关系，让每个员工都敢于犯错并从错误中学习进步，与此同时，其他员工则要做好配合，及时解决错误带来的问题、避免企业因此面临重大损失。

当然，在宽容员工的错误前，企业首先要明确哪些错误是无法容忍的，以免

对企业造成重大伤害。而在具体过程中，企业仍要区分两种员工。

① 能力强，而且犯错后能反思并吸取教训的员工。

② 能力差，或能力强但无法正确对待错误，更无法吸取教训的员工。

毫无疑问，我们的宽容应当给予第一种员工，而对第二种员工，则可以在对方屡教不改时收回我们的宽容。

（2）上进。即使在宽容的企业文化下，很多员工仍然不敢犯错，因为他们害怕坦诚、公开自己的错误，但这种做法不仅阻碍了个人的成长，也不符合企业的最佳利益。我们必须要明确，从错误中学习是一种成长，对于那些帮助同事解决错误问题的员工而言同样如此——解决问题更是一种成长。宽容必须与上进相配合，让每一次被宽容的错误都能推动员工更进一步，如此才能实现螺旋式的上升。

基于上进的态度，每个成员都应当观察自己与他人的错误模式，并判断这种错误是否暗藏着某种性格或能力上的缺陷，找出其中的因果关系，明确自己面临的最大挑战，在承认缺陷之后争取突破障碍。

（3）谦虚。当你回顾一年前的自己时，如果没有为自己做的傻事感到震惊，那并不代表你已经足够优秀，而只能说明你还不够谦虚，因而无法吸取足够多的教训，也就不可能变得比一年前更加优秀。

谦虚并非一味地自我贬低，而是一种持续性的观察、思考和反思。观察其他成员的错误或成就，思考他们的缺陷或优点，再反思自己，我们通常能够发现自己的某些不足，此时，我们当然应该保持谦虚。

（4）坦诚。坦白地说，没有人能够客观地看待自己，每个人都有看不见的盲区，无论是对业务、人际关系还是自身特性都是如此。因此，我们都有责任给予他人诚实的反馈，帮助对方更全面地了解人、事、物。

坦诚同样是一种开放的心态，在开放的心态下解决彼此分歧，了解真实自我，基于更加客观的事实，更好地处理应对各种事务。

05
塑造率先垂范、敢担责任的行事文化

如果要在世界范围内找个幸福企业的代表，那最典型的当数哈佛管理学案例中的塞氏企业（Semco）。塞氏企业凭借"劳资共治"模式，成为巴西最知名的企业。在这家企业的运作中，决策由员工"公投"，利润由所有员工分享，员工甚至可以自由地查看企业的账簿……在企业里做主的不再是以老板为核心的高管层，而是企业全体员工，这正是塞氏企业幸福感爆棚的根本原因。

1982 年，当时年仅 23 岁的里卡多·塞姆勒接过了父亲的重担，成为巴西塞氏企业的首席执行官。而里卡多上任的"第一把火"就烧得所有人大跌眼镜，他直接辞退了企业内三分之二的高管。

里卡多的这一决策，在很多人眼里，简单来说就是"瞎搞"，甚至这家家族企业的元老也在悲呼："塞氏完了！"但结果呢？辞退大部分高管之后，里卡多开始了最彻底的员工自我管理试验。而在这场试验进行 20 年之后，塞氏企业的销售额也从 400 多万美元，一跃升至 1.6 亿美元，成为巴西成长最快的企业之一。

在塞氏企业的试验中，里卡多完全将员工的幸福放在第一位，他甚至给予年轻员工一年的"自由时间"，在这一年里，员工可以在企业里自由选择岗位或培训，最终确定自己喜欢的岗位。

再之后，里卡多甚至给予员工自由设定工作时间的权力，让员工可以躲过上下班的交通高峰期。很多人认为这样的政策会让企业的组装线陷入瘫痪。但员工并没有让里卡多失望，在经过多次的员工会议之后，员工自己解决了这一全新的工作模式问题，对员工工作时间进行分组，确保工厂可以正常运转。

很多企业总是强调管理和制度，认为员工必须在严格的管理下才能履行岗位职责，但却忽略了员工自我管理的重要性。

举例而言，企业投入 100 分的管理，员工完成了 100 分的任务；但在员工的自我管理下，企业只需投入 30 分的管理，员工就能创造 150 分甚至更高的价值。而要实现这样的变化，企业就要从管理层开始以身作则，塑造率先垂范、敢担责任的行事文化。

1. 脱离拉动或推动的桎梏

想必在很多企业中，都存在这样两种人。

第一种人的行事完全符合企业的各项规章制度，在企业制定的框架下，他会完全按照工作流程行动，不多一分，也不少一分。这种人就是靠制度推动，他们的工作驱动力都源自企业制定的制度，虽然工作能力不成问题，但却看不到多少积极性。

第二种人的行事则需要依靠管理层的拉动。比如管理者在团队内部制定了一个任务目标，过了一周问甲员工："进度到哪了？"甲员工的回答可能是："我这部分能做的都做了，就等乙员工做完他那部分了。""那乙的进度到哪了呢？"甲则摇摇头表示："我不清楚。"

在这两种行事方式中，前者需要企业的推动，而后者则需要企业的拉动。很多人都将管理者看作团队的"带头大哥"，这种观点并没错。但管理者却要明白，在团队中，自身要承担的是带动团队自发成长的角色，而非靠制度、监督去推动。

当管理者执着于推动时，就会过分纠结管理制度的完善，让自己局限于团队管理的具体事务；而当管理者致力于拉动时，更会因为不断地监督和激励，让自己成为团队里最累的人。

对团队成员来说，当他们的工作都受到制度的约束或领导的监督时，他们也会失去自由发挥的空间，甚至觉得自己成了"机器人"。如此一来，员工的主观能动性受到限制，其创造价值的能力也被极大削弱。

因此，企业管理者必须从自身做起，脱离拉动或推动的桎梏，转而在发挥自身的模范和引导作用中，引导员工形成自觉的行事方式，全身心地投入到价值创造当中。

2.率先垂范、敢担责任的模范

在企业文化的打造中，管理者的模范作用必不可少。只有当管理者能够修行自身、以身作则时，员工才会认可管理者并追随、模仿、成长。具体而言，管理者的自我修养需要关注以下五个方面。

（1）敢于承担责任。员工不敢积极行事的深层原因往往是害怕承担责任，尤其是当担责影响到员工的薪酬、晋升甚至"饭碗"时，他们更会变得相当保守，只有得到管理者的指示之后才敢行事。

对此，管理者在向员工布置任务尤其是创造性任务时，就要敢于承担责任，明确告诉员工："你们只需尽力行事，并与我保持沟通，其间的责任都由我承担。"在这一前提下，管理者也要保持关注，在保护员工主动性和自由度的同时，及时给予指导和调整，确保一切有序推进；如果真的出现负面结果，管理者则要遵循承诺承担责任。

（2）积极对待挫折。不敢面对挫折是影响员工行事方式的另一个负面要素。很多人在遭遇挫折时，要么抱怨，要么自卑，甚至自暴自弃，这样的心态也让其行事变得唯唯诺诺，不敢前行。对此，管理者自己首先要能积极对待挫折，才能引领员工和团队应对挫折。

其实，挫折是命运给予的最好礼物，这个礼物来得越早越好。因为当我们还年轻时，我们拥有足够的时间和精力去应对挫折并越挫越勇。而反观那些一帆风顺的人，可能一次突如其来的重大挫折就会将他们打入谷底，甚至"永世不得翻身"。

（3）始终不忘初心。每个人都有自己的棱角，但随着生活阅历的增多，很多人的棱角却逐渐被磨平，变得圆滑，却也失了锐气和进取心，而在企业实现愿景的道路上，这样的员工却难以创造太大价值。

因此，管理者在自我修行时，管理者必须始终不忘初心，以企业愿景为核心，当企业成员认可并在追寻企业愿景，那我们也应理解并包容不同的行事方式——只要这种行事方式没有影响团队。

（4）及时更新认知。在漫长的人生中，每个人都有着自己的人生经验，在对待任何信息时，人们也更愿意相信与自己认知相一致的信息。正如一个认为"网瘾有害"的人，更容易相信"电脑辐射致命"的信息。很多时候，即使人们意识到自身认知存在局限，甚至有悖事实，他们也深陷在"信息茧房"中不愿探寻真相。

一个人的成熟首先在于认知上的成熟，一个人的进步则离不开认知上的更新。管理者作为团队的引领者，就更加需要具备及时更新认知的能力。否则，当认知固化时，管理者很容易因为认知的局限甚至错误，引导团队走向歧途。

当然，更新自我认知并非易事，它是一个循序渐进的过程。而随着时间的推移，随着市场和社会的变化，正确的认知也会变成错误，因此，管理者也应当勇于改变，而非抱残守缺。

06
找对人，做对事，敢授权

有意义的人际关系，需要企业能够宽容企业员工的错误，但在此前，企业首先要找对人，才能确保做对事。企业很多时候都会犯的一个错误就是关注做对事，却忽略了更重要的是找对人、敢授权，即赋予哪个员工相应的责任和权力。

举例而言，桥水基金曾经有一位极有才华且备受认可的高管，这位高管为了将自己调整到另一个岗位，在一次与管理委员会的会议上讲述了他的转型计划，并出示了大量的流程图和责任分工图，详细地阐述了他将负责的各个领域以及系统化的工作方案，使各项工作的推进能够做到万无一失。

这无疑是一次令人印象深刻的展示，他的工作能力以及工作计划都得到了管理委员会的认可，但瑞·达利欧却发现了一个被忽略的问题：如果事情有变或计划有变，谁能替代他继续推进工作，谁又能监督这一整套计划的有序运行，从而进行改进或决定取消？

很多企业的运营其实都存在这样的问题，但我们总是容易忽视。因为企业的目光总是着眼于做对事，但做对事究竟需要员工满足哪些条件，我们的员工又有怎样的特质，事与人之间又是如何发生化学反应的？

就如一台用来画图的电脑，我们只知道它的画图能力很强，却不清楚究竟是显卡还是中央处理器在发挥作用，也不清楚内存在其中扮演怎样的角色。那么，当有一天，这台电脑画图能力出现了问题，我们该如何修理？甚至当这台电脑发生故障时，我们临时又该使用哪台电脑来替代？

如果将企业文化看作企业运营的润滑剂，那么，企业要实现有序运营，我们就必须找到合适的机器，将其摆放在合适的位置，并为其提供必需的能源。这就是所谓找对人、做对事、敢授权。

1. 找对人，才能用对人

企业招聘的一个惯用思路是：通过收取简历筛选应聘人选，再通过面试来搜寻合适的人选。然而，多年来，我们或许可以对简历进行客观评价，但面试却缺乏一套科学构建的筛选模型。

任何一个面试官的面试其实都是一种主观的筛选过程，其间发挥作用的则是面试官的直觉和喜好。毋庸置疑，一位线性思维的面试官更倾向于线性思维者，而一位发散思维的面试官则偏好发散思维者。

在这样的主观的面试过程中，每一位面试官也都相信自己找到的人才能够胜任其工作。但事实果真如此吗？

时至今日，招人仍然是一项高风险的工作。在招聘及培养新员工的过程中，企业必须耗费相当的时间、精力和资源，才能判断新员工究竟能否胜任工作；而在培训及再培训老员工的过程中，企业仍然需要投入大量成本，却可能难以收获员工的成长及收益。

一旦找错人，企业不仅会失去投入的这所有成本，更可能面临一些无法用金钱衡量的损失，比如团队士气遭受打击、企业文化遭受损害，而当团队成员大多都不能胜任岗位时，更会逐渐降低整个企业的工作标准。

因此，企业想要找对人，就需要遵循以下几个标准。

（1）价值观、能力和技艺。这三个要素是找对人的基本标准，其重要性也各不相同。

① 价值观是驱动行为的深层信仰，也是企业文化的核心属性，既决定了人际关系，也决定了人奋斗的程度和方向。企业要找对人，首先就要找到价值观与企业相匹配的人，因为人们不仅会为价值观而奋斗，同样会与价值观不同的人相争斗。

② 能力体现在思考方式和行为方式上，能力通常很难短期培养形成，比如良好的学习能力、快速处理问题的能力、看待问题的高度、关注细节的能力、创新能力、逻辑思维能力等。能力是员工价值的核心依据，且通常能够长期创造价值，而对员工能力的筛选，完全取决于企业和岗位的需求。

③ 技艺则是可以通过学习获得的各种工具，比如语言、软件、编程等。与价值观和能力相比，技艺大多可以在一定时间内学习掌握，而且其价值常常

会发生改变，尤其是当下流行的软件、程序语言等技艺都会随着技术进步而过时。

（2）系统思维和科学方法。正如前文所说，当今很多企业的招聘过程仍然依赖面试官的主观判断，甚至连简历筛选都需要经过人事经理的主观判断。而当人事经理错判用人部门的需求及对简历的要求，当面试官错判应聘者的价值观、能力和技艺时，找错人也就由此发生。

因此，企业招人必须依据系统思维和科学方法构建出一套行之有效的招聘流程，如图7-2所示。

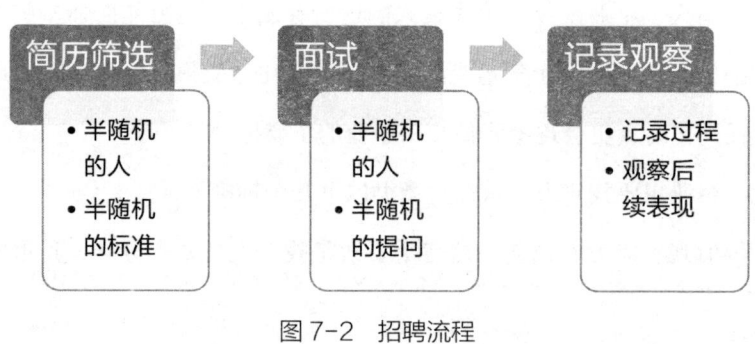

图7-2 招聘流程

为了排除主观性对招聘流程造成的困扰，我们可以在简历筛选和面试过程中融入半随机的原则，在事先划定的范围内，随机指定某几人负责简历筛选和面试工作，并随机抽取几条基础标准和提问，根据应聘者的反应进行区分筛选。

在这套招聘流程的过程中，企业还需做好记录和观察，记录下整个招聘过程以及应聘者的反应，并观察应聘者入职后的表现，从而持续完善流程，提高找对人的可能性。

（3）因岗招人且是出色的人。很多企业会陷入因人设岗的误区，却忽视了因岗招人的重要性。所谓因岗招人，就是根据岗位的职责和需求招聘人员。但很多企业却只关注应聘者是否合适,却未曾尽力寻找出色的人。

如果我们要找一个维修工,那只需选择最先遇到的那个有经验的维修工即可。但如果我们要找一个员工,那我就必须找到那个表现出色的应聘者,尤其是在一群很出色的人中仍然表现出色的应聘者。如果应聘者只是满足岗位基本要求,你却觉得不够出色,那就无须勉强,以免在后续工作中互相折磨。

2. 权力与人性的假设

找对人是做对事的必然前提,但想让对的人做出对的事,企业就不能只是将任务交给对方,更要授予对方相应的权力。人们总是倾向于给组织加上个人色彩,比如苹果是一家有创造力的公司,但真正有创造力的,其实是组织里辛勤工作的员工,企业只有赋予他们创造、梦想的权力,他们才能为企业带来价值。

找对人、做对事、敢授权的核心就在于权力与人性的假设。一直以来,员工都被看作一个职业人,但与此同时,员工更是一个自然人和社会人。

现代经济学通常将人性假设为逐利的,人们的行为都是为了实现自身利益的最大化。然而,所谓利益,并非仅仅指代物质利益,最关键的仍然是精神利益。因此,在追求利益最大化的过程中,权力也成为员工的重要追求,因为权力既能为人们带来物质利益,也能满足成就感、荣誉感等精神需求。

谷歌在其人力资源管理中,就非常重视人性化管理,赋予所有员工参与公司决策的权力,并设计了多个渠道以实现员工的"行权"需求,如 Google Cafes(谷歌咖啡馆)、Gmail(谷歌邮件)、Google Moderator(谷歌汇问)、TGIF(全体员工大会)、组织调查等。

谷歌前总裁鲍勃就针对这一系列项目说道:"我认为,企业文化必须更趋人性化,给予员工改变工作环境的权力,无论是工作氛围、管理模式还是公司决策,每个员工都能通过自己的努力对其进行改变,这样,员工才能找到其努力工作的意义,从而更富工作热情。"

在权力与人性的假设中，企业文化必须融入以下三个理念。

（1）"人类总是要求拥有快乐而不是痛苦"。每个员工都希望在一个更加舒适的环境中工作，将工作作为一种乐趣而非煎熬。但这对于大部分企业而言都是很难实现。谷歌则通过对内部社交联系的培养，赋予员工改善工作环境的权力，努力促使员工之间的同事关系向朋友关系转变，从而让员工能够在交流中感受到工作的乐趣。

（2）"人类总是要求得到尊重而不是贬斥"。来自领导者的尊重是对员工最有效的激励，领导者对员工的不尊重、贬斥都会抑制员工的工作热情。谷歌的每位管理者都必须倾听员工的意见，员工也可以通过各种渠道表达自己的感受、提出自己的建议，这就给企业营造一个相互尊重的工作氛围创造了机会。

（3）"人类总是希望有生存的意义而不是虚度一生"。员工的工作并不只是为了薪酬，毕竟能够养活员工的工作千千万，员工却来到了我们的企业。这是因为，他们希望能在我们的企业中实现自身价值，而不是在虚度光阴中"白拿薪水"。谷歌不仅为员工提供晋升机会，更允许员工使用工作时间寻找工作的意义所在。

在企业文化的打造中，企业很多时候都会强调"以人为本"的理念，正是因为这一理念的核心就是关注人性里的幸福需求。而在权力和人性的假设下，企业也应当明确，授权是提升员工幸福感的重要途径。

3. 敢授权，给人做对事的权力

现代企业都存在授权机制，但其中的"权"并不只是指代管理权力，而是授予员工追求自我价值实现的权力，乃至追求快乐、尊严和意义的权力。

因此，即使是针对基层员工，企业也可以通过设置反馈机制和沟通机制，让员工拥有表达意见的渠道，而企业则要正视基层员工的意见和建议，这同样是一种授权。

而在狭义的授权，即管理权力的授予中，企业要做的也并非简单地放开手，而是基于找对人、做对事的有效授权，如图 7-3 所示。

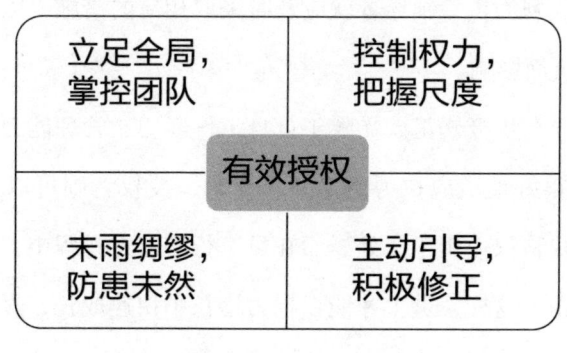

图 7-3　有效授权

（1）立足全局，掌控团队。对员工而言，授权具有极强的激励作用；而企业在授权时，则是希望优秀员工能够承担更多的责任，帮助自己分担压力，从而提高权力使用效率。

然而，员工只是公司中的一个个体，个体的优秀能力，确实能够实现企业某方面的突出发展，但如果权力与能力不匹配，其能力缺陷则能够造成企业在发展过程中陷入偏差。

因此，企业在授权时，应立足全局，对员工进行事前、事中、事后的全方位考察，以避免员工无法适应突然增长的权力，导致权力使用效率不增反减，或是员工过度行权。

（2）控制权力，把握尺度。即使在授权之后，企业仍然要保证自己能够实时控制权力。当然，我们也要把握好其中的尺度：既要给予员工施展手脚的空间，以赢得员工的信任，最大限度地增强授权效果；也要把握住员工行权的方向和范围，以确保员工行权不会与公司发展相冲突，避免过度授权带来的风险。

（3）未雨绸缪，防患未然。企业应对权力的使用进行有效监督，以避免行权风险。为此，企业可以通过采集员工行权信息，对员工行权可能带来的结果做出预判。一旦对其预判为负，领导者就应及时采取相应的措施，以最大限度地降低员工失误带来的负面影响。

（4）主动引导，积极修正。受限于自身工作经历、管理能力，员工在被授权之初，可能无法很好地适应权力的增长。此时，授权者则可以主动对其进行引导，帮助员工尽快将权力用于实处。而在员工行使权力过程中，企业若发现问题也应积极作出纠正。这样，员工才能在权力增长中快速成长，真正提高权力使用效率，并让权力帮助员工获得幸福。

在有效的授权中，企业的激情也将一触即发，从而衍生出无限可能。但关于企业人事、授权等一切事务，都应当遵循科学的决策机制和系统的管理思维，确保企业能够真正找对人、做对事。在这样的过程中，关于科学和系统的理念，也将融入企业文化，帮助企业更上一层楼。

07
如何打造企业员工手册

企业文化的打造，需要企业所有成员的共同努力，只有在持续的氛围营造中，企业的工作文化、产品文化、人际关系及行事文化才能逐渐统一，并共同推动企业文化的形成。

企业想要高效打造企业文化，就必然需要打造一部完善的企业员工手册——这也是新员工入职流程中不可或缺的一环。企业员工手册不仅是传达企业相关管理政策的工具，更能够有效传达企业价值观，并向员工介绍自身的企业文化。

虽然很多企业都制定了自己的员工手册，但其对员工手册的功能认知却存在缺失，且内容设计也存在缺陷，甚至出现表述不当、表述违法或给企业造成不利的情况。

例如，某企业的员工手册中有部分内容如下。

（1）根据《中华人民共和国劳动合同法》第三十九条规定，劳动者有下列情形之一的，用人单位可以解除劳动合同：在试用期间被证明不符合录用条件的；严重违反用人单位的规章制度的；严重失职，营私舞弊，给用人单位造成重大损害的。

（2）下列情况之一者不予聘用：曾被公司开除或擅自离职者；身体不符合录用条件者；有违法犯罪行为或涉案未决者；未毕业的在校学生；未满16周岁者。

（3）员工应当参加基本养老保险，由公司和员工按照国家规定共同缴纳基本养老保险费用，员工同意公司从工资中代扣代缴个人应当缴纳的部分。

（4）全年法定假期十一天：元旦，放假1天（1月1日）；春节，放假3天（农历除夕、正月初一、初二）；清明节，放假1天（农历清明节当日）；劳动节，放假1天（5月1日）；端午节，放假1天（农历端午节当日）；中秋节，放假1天（农历中秋节当日）；国庆节，放假3天（10月1日、2日、3日）。

（5）带薪年休过期作废，加班调休过期作废，试用期内不能休年假，未经公司批准不能休病假。

上述内容看似正常，甚至出现在很多企业的员工手册当中。但其实，这些内容都存在一定问题，企业应当对此加强敏感度，并进行改善，如表7-1所示。

企业员工手册是打造企业文化的重要工具，它不仅是法律规定的补充，也是企业制度、企业文化的载体，并具有指引、评价等功能。

表 7-1 企业员工手册的常见问题及改善方法

序号	员工手册内容	问题	改善方法
1	根据《中华人民共和国劳动合同法》第三十九条规定，劳动者有下列情形之一的，用人单位可以解除劳动合同：在试用期间被证明不符合录用条件的；严重违反用人单位的规章制度的；严重失职，营私舞弊，给用人单位造成重大损害的	直接搬用《中华人民共和国劳动合同法》规定，但却没有明确各项规定的具体情形，如"不符录用条件""严重失职""重大损害"	基于法律相关规定，明确各项重点情形，使员工手册成为双方发生争议时的重要依据
2	下列情况之一者不予聘用：曾被公司开除或擅自离职者；身体不符合录用条件者；有违法犯罪行为或涉案未决者；未毕业的在校学生；未满16周岁者	该内容实为招聘专员的工作标准，与其他员工无关	将针对特定岗位的要求写入岗位要求，而非员工手册
3	员工应当参加基本养老保险，由公司和员工按照国家规定共同缴纳基本养老保险费用，员工同意公司从工资中代扣代缴个人应当缴纳的部分	过度借鉴法律规定，无实际意义	对条款进行总结，使相关内容简洁明了，如："公司依法为员工缴纳各项社会保险费用，个人承担部分由公司依法代扣代缴。员工依法享受各类法定节假日，按国家相关法律政策执行，具体以公司通知为准。"
4	全年法定假期十一天：元旦，放假1天（1月1日）；春节，放假3天（农历除夕、正月初一、初二）；清明节，放假1天（农历清明节当日）；劳动节，放假1天（5月1日）；端午节，放假1天（农历端午节当日）；中秋节，放假1天（农历中秋节当日）；国庆节，放假3天（10月1日、2日、3日）		
5	带薪年休过期作废，加班调休过期作废，试用期内不能休年假，未经公司批准不能休病假	此类表述均为违法表述，实际侵害了劳动者权益	企业应遵循相关法律，确保员工手册各项内容的合法性

对企业员工而言，企业员工手册一般是其入职后接触的第一份文件，如果企业员工手册能够让员工感受到企业的文化氛围、规范纪律，就会形成相应的印象，并在工作中自觉约束自己。但如果企业的员工手册充斥着无意义的内容，或是直接从网上复制粘贴的内容，或是早已与时代脱节的内容，那员工对企业的印象也会大打折扣，因而无法认可企业文化、难以融入团队氛围。

因此，企业必须重视员工文化手册的设计，并从以下几个方面完善员工文化手册。

1. 员工文化手册内容框架

一般而言，员工文化手册内容框架如图7-4所示，企业可根据自身情况进行调整。

2. 员工文化手册设计原则

在设计员工文化手册时，企业应当遵循以下五个原则。

（1）合法性。作为"白纸黑字"的内容，员工文化手册的条款都可能成为未来仲裁、诉讼中的证据，因此，员工文化手册的内容首先要符合相关法律规定。比如案例中的"带薪年休过期作废"就明显存在合法性问题。

需要明确的是，针对法律赋予企业的义务，即使企业将之写入员工文化手册转移给员工，并由员工签字，该表述也没有法律效力，如"合同期满员工未书面提出续签，则视为不同意续签"。

（2）合理性。从国家政策来看，国家既保护劳动者权益，也保护企业用工自主权。因此，企业可以通过员工文化手册及其他规章制度对员工的工作过程进行管理，但相关规定必须合理。

比如限制员工上洗手间的时间或上下班交通事故责任自负等，这些规定既超出了企业自主用工权的范畴，也明显不合理，可能使企业遭受社会舆论及劳动仲裁的质疑。

为了保证员工文化手册的合理性，企业在设计相关内容时应当换位思考，多调研、多听取意见。

（3）可行性。正如企业文化需要在行动中打造一样，员工文化手册也需要落实到行动中去。因此，员工文化手册就必须具有可行性。否则，不可行的员工文化手册也会损害企业的管理权威和文化氛围，使员工难以遵循员工文化手册进行工作。

- 目录
- 第一章：董事长寄语（老板自己写）
- 第二章：企业简介（塑造企业）
- 第三章：企业文化
- 第四章：领导人故事（老板和班底的故事）
- 第五章：企业大事记
- 第六章：企业管理架构图
- 第七章：岗位职责
- 第八章：工作流程及标准
- 第九章：薪酬机制
- 第十章：晋升机制
- 第十一章：考核机制
- 第十二章：福利待遇（得人心、抓人性）
- 第十三章：工作制度（以价值观为指导思想）
- 第十四章：仪容仪表、服务礼仪、礼貌用语
- 第十五章：产品介绍
- 第十六章：销售话术
- 第十七章：抗拒话术怎么讲
- 第十八章：员工行为规范

图 7-4　员工文化手册内容框架

比如员工文化手册中常见的"情节严重""重大损失""情节轻微"的用词，如缺乏明确的衡量标准，员工就无法自我约束，企业的管理行为也缺乏依据。

（4）权责对等。员工承担的义务应与其享有的权利对等，尤其是在员工奖惩方面，企业更应当基于员工的业绩、对企业造成的影响作出相应的奖励或惩罚，并借助定性和定量的明确规定，让员工清晰地了解自己的权利和责任。

（5）与时俱进。很多企业的员工文化手册一经制定就再无修改，长此以往，员工文化手册也可能过时，因而失去效用。因此，企业应根据实际情况对员工手册进行修订，尤其是当相关法律法规发生变化、劳动争议仲裁作出指导或企业运营中遇到问题时。

需要注意的是，企业员工手册的修订需要经过严格的评审，避免朝令夕改、频繁修订。如修订的内容涉及员工切身利益，企业也应发起民主程序，进行充分调研，并与员工保持沟通。

3. 员工文化手册的核心内涵

员工文化手册看似是一份管理员工的制度手册，但究其核心内涵，仍然在于企业文化。企业必须将企业文化属性融入员工文化手册的各个部分，让员工理解并认可企业的使命、愿景、价值观，如此才能随企业共同成长。

山东有一所"赋成书院"，是两个好朋友打造的一个供当地孩童共同学习的平台，在三度集团老师的辅导下，很短时间内，赋成书院接连举办了几场帮助孩子读书的千人活动，在当地极为轰动，形成了非常大的影响。而他们之所以能获得如此成功，其实是因为赋成书院创始人的强大信念，以及核心团队的执行力、凝聚力和向心力。

马建伟、宋丽玲两位创始人在发展的过程中，经营模式遇到了一定的盲点。他们发现赋成书院需要新的突破，需要品牌赋能，需要提升企业和员工的核心竞争力，因此请三度集团的老师进行企业文化辅导与企业管理落地，梳理出了企业的使命、愿景、价值观。同时，确立了赋成学院的核心理念，那就是成就客户、成就员工。

在赋成学院的员工文化手册中，我们总是能够看到两位创始人成就员工的心，更难能可贵的就是，在成就员工、成就客户、成就孩子的理念上，两位创始人始终同心同德，力求帮助员工、客户、孩子获得财务、能力、知识上的成功。

基于初心，赋成学院也迅速赢得了当地政府的认可，获得了办学场地、游学支持等各方面资源，甚至学院客户、其他教育机构也都愿意加盟赋成学院，共同将赋成学院打造为山东沂水的一张名片。

WENHUA FUNENG

文化赋能

第八章

欲成大事先讲故事：
如何讲好企业故事

虽然华为、苹果等企业的企业文化备受推崇，但谁又能说出他们的企业文化究竟是什么呢？我们都知道华为的冬天、乔布斯被自己创立的公司赶出去等故事。这些故事鲜活且令人印象深刻，更向社会大众传递了企业理念，增强了企业魅力，直至成为世界上最伟大的企业之一。

01
会讲故事的企业都做大了

在数千年的人类发展历程中，我们总是喜欢听故事，如《论语》中孔子及其三千弟子的故事，《荷马史诗》中口口相传的史诗故事，《一千零一夜》中的伊斯兰故事集。在日常生活中，会讲故事的人总是让人印象深刻。而在市场竞争中，那些会讲故事的企业最终也都做大了。正如畅销书作家丹尼尔·平克所说："讲故事正成为21世纪最应具备的基本技能之一。"

近年来，无数独角兽企业的估值不断突破新高，在马斯克主导下的特斯拉甚至能够突破市盈率的限制，在市值屡破新高中，为市场带来"市梦率"的概念。之所以如此，正是因为这些企业会讲故事，他们的故事足够吸引人，因而能够引起客户兴趣、赢得投资人认可。毕竟，谁不梦想着"无人驾驶、飞往火星"呢？而这正是马斯克的特斯拉、SpaceX为人们讲述的故事。

相比特斯拉而言，恒大汽车的市值变化则更让人迷惑：2021年1月24日，恒大汽车发布公告称将向6名投资人配售9.52亿新股，共筹集260亿港元。次日，恒大汽车股价大幅上涨，其市值达到了3980亿元，在尚未卖出一台汽车的情况下，成为中国市值第四的汽车企业。而在这背后，则是关于新能源汽车的故事在发挥作用。

随着市场经济的日趋成熟，市场早已形成一套完成的企业价值评估体系，如投资回报率等各种指标以及由此构建起来的数据模型。但近年来，这套评估体系却似乎开始失去作用，那些数据表现一般的企业，却因为会讲故事而做大了。

而要理解故事为何能发挥如此巨大的作用，让数据表现一般的企业创造市值奇迹，我们同样可以借助一个故事来理解。

从前有座山，山里有座庙，庙里有个老和尚和小和尚，有一天，老和尚给了小和尚一块又大又好看的石头，让小和尚尝试去菜场、珠宝市场和寺庙门口售卖。在小和尚临行前，老和尚强调道："无论谁出价，你都只是伸出一根手指，等他们报价后也不要卖掉这块石头，多问些人，然后回来告诉我。"

于是，小和尚先去了菜场，对着菜场的摊贩伸出一根手指，有的摊贩看中这块石头足够大，可以做腌菜的压缸石，报出了 10 元的价格。

小和尚又带着石头去了珠宝市场，同样伸出一根手指。珠宝市场的店主看来看去，认为这块好看的石头可能是名贵的珠宝，于是争相出价，他们的报价一度从 1 万元抬高到了 10 万元。

最后，小和尚回到了寺庙门口，同样伸出一根手指。每过一阵，这块石头就被传为"大师开光、镇宅辟邪"的灵石，越来越多的人报价，甚至有富绅说出："无论多少钱我都愿意买下来，放在家里好好供奉。"

同样的一块石头，却因为不同的故事，而得到了天差地别的报价。这个故事其实就揭示了讲故事对企业的重要性。企业的发展需要企业文化的内涵，而在确立了企业文化的内涵并落地之后，企业更要拓展企业文化的外延，用企业故事赢得客户、社会和员工的认可，让企业文化的效能最大化。

02

只讲道理的企业，永远打不过会讲故事的

任何事物的发展当然都要遵循一定的道理，但在道理之外，我们还需学会用故事赋能，让道理发挥出成倍的效用。在当今时代，只讲道理的企业，永远打不过会讲故事的，因为在愈趋激烈的同质化竞争中，一则好的故事则能帮助我们与

其他企业、品牌或产品实现区分。

如果一款矿泉水放在那里,我们只关注它能否解渴;但矿泉水旁边写着:"采自八千米高的雪原,与天山雪莲共生。"你是否就有点想"品尝"呢?现实就是,普通的矿泉水只能陷入无限的价格战中,而"与天山雪莲共生"的矿泉水却能轻易卖出20元甚至50元的价格。

在数千年的人类交流中,故事无疑是最符合人性的交流方式,因为故事不仅可以传递信息,更可以愉悦身心,帮助讲述者和听众基于故事达成共识。而当我们进一步探究那些流传甚广的故事时就会发现,人性是永不过时的主题——而这也是企业文化的必要内涵。

1. 故事是更好的营销手段

经历过各种硬广和植入之后,如今的用户早已对传统的营销方式感到厌烦,企业亟须能够更好地引起用户认可的广告形式,而故事则凭其传递信息、愉悦身心的特性,成为一种重要的营销手段。

所谓软性营销,就是要让广告信息与故事进行有效结合,在不影响故事特性的前提下,将广告信息推送给用户。而在单纯的产品或服务营销之外,更高级的软性营销则是品牌精神、企业文化的营销。

在乔布斯主持的苹果发布会上,他总是不厌其烦地强调其极致的专注和匠心,苹果的品牌精神也随之传递给全球用户,苹果也由此获得了极高的品牌溢价。

因此,是否会讲故事,已经成为衡量企业营销水平的重要标尺。一味地自夸,再多的硬广,也比不上一个绝佳的故事。

2. 故事是更好的激励方法

在《法华经·化城喻品》记录着这样一个故事。

很久以前,一位法师带着一群探险者去远方寻找珍宝。然而,因为路途实在艰险，走到半途时，探险者们开始感到疲惫；又因为远方实在太远，他们开始打起退堂鼓，想要放弃这段征程。

法师得知这个情况之后，就暗中施展法术，在前方幻化出一座城池，并对众人说道："大家看，翻过这座山，就有一座大城，在城池不远处，就能找到宝藏啦！"众人看到前方确实有座大城，就重新振奋精神，再次上路。就这样，在不断地幻化城池之后，众人终于找到珍宝。

这就是故事在企业运营中的作用，企业并非用故事诱骗客户前行，而是用故事中的愿景为员工描绘前方的景象，用故事中的使命为员工注入强大的驱动力，用故事中的价值观与员工达成共识。

3. 故事是打造生态圈的基础

当今时代的竞争早已不再局限在企业与企业之间，而是商业生态间的竞争，因此，企业就必须学会打造合适的生态圈，而此时，故事则是一个重要基础。

章瀚文在加入三度集团前只是一名普通的教师，她一直有一个梦想，那就是在宁夏银川打造一家媲美一线城市水平的幼儿园。这个梦想一直被章瀚文藏在心中，直到遇到三度集团之后，在三度集团董事长沈柏锋的鼓励下，章瀚文终于决定为这个梦想而努力，她告诉自己，余生只做一件事！不忘初心，做良心教育。

在沈董和三度集团老师的协助下，章瀚文迅速制作出一份优质的商业计划书。但实际推进过程中遇到了很多困难和挑战，可是瀚文始终不忘初心，她说：老天让我选择这条路，我的肩上就一定有我的使命！三度集团各位老师不遗余力地帮助她，经过不断的努力，很多贵人与资源主动找来，她曾经在北京的导师听到她的计划，毅然决然地将毕生的教学理念、知识与资源带到宁夏。因为这份初心，吸引着很多志同道合的人来到她的身边，无论招聘什么岗位，都会有人主动打电话过来应聘……

在各类资源的聚集与贵人的加持下，美德幼儿园得以成立，并创出了非常好的口碑，得到家长们的一致好评。在创业守业的路上，章瀚文始终与三度集团保持持续良好的沟通，有困难就找三度集团，她说三度集团的老师们都是真正的家人。尤其是在三度集团开设的传统文化课程中，章瀚文总是第一时间来到课程现场，在传播传统文化的路上多年来始终如一地与三度保持一致。在三度集团学习的日子里，自己得到了飞跃式的成长，她把三度集团当作自己在上海的家！

在三度集团各位老师的帮助下，章瀚文依旧不断地优化商业模式，学习前行，励志打造出堪称行业标杆的美德教育。

未来的路还很长，但是在章瀚文的事业路上三度集团会永远随行，长风破浪会有时，直挂云帆济沧海，相信在三度集团的帮助陪伴下，章瀚文事业会蒸蒸日上。

这套商业模式正是基于一个完整的生态故事。在这个故事中，章瀚文教学所在地将成为一个覆盖全产业链的幼儿学习基地，进而打造出一个完整的幼儿产业生态。

03
企业品牌要传播，需要故事来运作

当今时代的品牌竞争，已经不再局限于产品或服务，而是上升到企业文化、品牌价值，因此，企业品牌要传播，就需要故事来运作。

乔布斯曾经兴师动众地宣告："我们要重新发明手机。"就在每个人都感到好奇时，苹果却销声匿迹长达半年之久，并拒绝透露任何相关消息。但这已经足够引发一段长时间的炒作，只因为"重新"和"发明"两个词语。人们希望看到一个完全不同的手机产品，而iPhone也确实没有让人失望，为人们带来了一个关于颠覆创新、极简主义的传奇故事。

国内会"讲故事"的品牌同样很多，比如华为、三度集团等。用故事传递信息，用故事引起好奇，用故事传播品牌，再用产品或服务真正征服用户，这才是当今时代的品牌制胜之道，也是企业文化在品牌价值中的核心体现。

具体而言，故事的形式多种多样，为了加强品牌传播效果，企业在讲故事时主要可以采用以下几种形式。

1. 悬念式故事

所谓设置悬念，最简单的方法就是设问式。在故事开篇提出一个足够诱人的问题，但要注意的是，企业必须对该问题有能够自圆其说的答案，以免让用户感觉上当，或是让故事漏洞百出。在设置悬念的过程中，企业可以直接提问，也可以将问题隐藏在内容中。

例如，一则探案故事的悬念可以直接抛出："凶手究竟是谁？"或者你也可以直接开篇写出："死者生前挚友投案自首。"而在品牌传播的故事中，企业则可以采用"是什么让他的爱车走向了不归路""高端乳酸猪肉是忽悠吗"等悬念。

2. 煽情类故事

情感是内容传播的重要动因，当关于品牌的故事能够刺激用户的某种情感需求时，用户自然能够表示认同并转发。而为了达到这种效果，最直接的方法就是创作煽情类的故事，直指人心，尽快以最大的力度打动用户。

比如在《美国队长3》上映的同时，还有一部国产优质文艺片《百鸟朝凤》同期上映，这部讲述中国传统唢呐文艺的电影，却因为这样的强大对手甚至没有多少排片。为此，很多煽情类文章由此诞生，讲述了老唢呐人的故事以及影片创作的辛酸，也为《百鸟朝凤》带来了可观的票房。

3. 恐吓式故事

与煽情类故事相反，恐吓式则属于反情感式的创作方式。从某种程度上来看，恐吓式的故事因为可以直击用户的软肋，因此可以获得更好的营销效果。基于故事的恐吓式标题，此类故事吸引到的读者，基本也都是你的潜在消费者。

但要注意的是，这样的故事往往容易遭人诟病，尤其是当你的恐吓毫无依据时，更会成为"辟谣"的对象，面临违规风险。因此，恐吓式故事切不可过火。

比如微信朋友圈中总是会流传着各种各样的恐吓式故事，如"高血脂，瘫痪的前兆""30岁前不做这件事就没机会了"等。

4. 讲述类故事

通过讲述一个完整的故事，并将品牌、产品或服务藏于其中，让故事内容为产品"加分"，这就是讲述类故事的效果。讲述类故事的关键就在于如何巧妙地传递你想传递的信息，并让其成为故事发展的重要线索，从而在讲述故事的同时实现品牌传播。

当然，除了原创故事之外，企业也可以将品牌或产品的背后故事作为讲述内容，但这样的故事，通常较难引起用户的兴趣，除非他们已经对此产生兴趣。

5. 热点时事类

热点时事类的故事创作则需结合时事热点进行再创作，从而加强故事的传播效果。对此，如果企业本身就具有较强的营销能力或市场知名度，企业甚至可以主动创造热点时事，刺激品牌传播。

04
如何将企业愿景、使命、价值观融入故事

当今时代，越来越多的企业开始讲故事，他们希望通过讲故事获得商业上的成功，获得市值的提升。但在讲述故事的过程中，越来越多的企业却开始迷失初

心,他们似乎只记得如何用故事去吸引人、感染人,但却忘了企业故事必须为企业服务,这就需要我们坚持企业文化底色,将企业愿景、使命、价值观融入故事。

在考虑如何发挥企业故事的效用之前,企业要先学会如何讲好一个故事,并遵循故事创作的要点,一步步将企业文化融入其中。

1. 故事创作的"三真原则"

企业故事的创作首先要基于真人、真事、真情的"三真"原则。要知道,真实具有其他要素难以比拟的力量。即使故事需要夸张、修饰,但我们却不能抛弃真实。其实,企业的真人真事、真情实感并不匮乏,企业要做的就是挖掘其中的力量。

2. 勾勒故事内核

想要讲好一个故事,我们就要提炼出这个故事的内核,也即故事的主题和中心。故事内核可以是企业愿景、使命、价值观,以及企业文化的其他内容,但要注意的是,它只能聚焦某一点,并尽量用一句话来概括,以免内核太多导致故事创作失去方向。

3. 搭建故事结构

传统的故事结构是有明显起承转合的剧作结构,有开端、发展、高潮和结局。这种故事的好处就是严谨,能够逐步地将故事推向高潮,并在高潮中向听众传递信息。比如先讲企业创业史,再讲企业发展历程,然后在某一个节点、某一个事件中确立了价值观,结果为企业带来了怎样的效果。

但在当今时代,这种故事结构通常也难以出彩。因此,企业故事的创作也可以采用非单线的结构,如双线或单线并行,如打乱时空顺序,或采用倒叙、散文诗叙述等方式,使企业文化的色彩更加鲜明,这也对我们的故事掌控力提出了更高的要求。

4. 展现故事冲突

没有人喜欢平铺直叙的故事，尤其是在讲述企业故事时，如果企业不能尽快展现故事冲突，听众很快就会对此失去兴趣。比如随着苹果手机的成功，乔布斯已经成为一代传奇，当此时，我们再去讲述乔布斯被苹果赶出公司的那段故事，自然就会迅速引起听众好奇。

压力、矛盾、问题是工作生活中的常态，企业故事则能由此入手，展现故事冲突，并用故事内核蕴含的力量释放压力、处理矛盾、解决问题。

5. 塑造核心人物

在故事当中，最有吸引力的就是突出的人物；而在企业运营中，一个有凝聚力、号召力、感染力的人物也更具力量，如苹果的乔布斯、特斯拉的马斯克、华为的任正非。

因此，企业故事的创作还应关注核心人物的塑造，最好直接以企业家或企业重要人物为模板进行塑造，使其成为企业愿景、使命或价值观的"化身"。

05
如何通过讲故事，来高效运营你的铁班底

企业有成败、人才有流失，企业家的创业历程总是充满变数，但如果我们能够建立一套属于自己的铁班底，那无论是企业运营还是东山再起，我们都拥有了强力的支撑。而在享受铁班底的巨大价值之前，我们则要学会通过讲故事进行高效运营。

1. 切忌在疯狂中失去理性

在创作并讲述故事时，为了吸引眼球、增加效果，很多企业的故事会变得越

来越夸张，最终失去理性、陷入疯狂，近似于给班底洗脑。毋庸置疑，更加疯狂的故事可以带来更佳的传播效果，但企业自身却必须保持理性，以免不切实际的故事最终引起班底的反感。

"我是一个兴风作浪者，我相信这可能是我成功的主要原因，我做了每个人都认为做不到的事情，而且我做这些事情的方法，使每个人都说我疯狂。"这段话源自美国著名作家吉诺·鲍洛奇，这也被很多企业奉为圭臬，认为企业必须具备疯狂的思想才能成功发展。

确实，企业需要一些疯狂才能创造出"蛇吞象"这样的奇迹。如果没有这种疯狂，乔布斯也不会在被赶出自己的公司10年之后，再次回归苹果，并力挽狂澜，让苹果成为全球最伟大的企业之一。然而，虽然人们常说"不疯魔、不成活"，但在疯狂之中也应该保持理性，即使如脾气火暴的乔布斯，也会通过冥想调整情绪。

企业故事确实需要融入某些看似"疯狂"的内容，但这并非无节制的"自嗨"，而是要切实立足团队的发展方向，引领团队实现飞跃。纵观全球被称为"疯狂"的企业家，他们的"疯狂"从来不体现在业绩的疯狂增长上，本质其实在于他们"活在未来"的远见，通过正确的引领，让团队、用户因此而拥有跨时代的体验，进而成为企业家的忠实拥趸。

2. 用使命驱动班底运营

在每个人的一生中，陪伴我们时间最长的可能不是朋友，而是同事。然而，为什么同事不能成为朋友呢？

当在职场询问这个问题时，我们能够迅速得到答案："因为同事无法被信任，上一秒还是合作伙伴，可能下一秒就成为竞争对手，甚至背后'下刀子'的事也并不少见。"事实上，在很多所谓"职场必备能力"中，都会写上一条："不要和同事做朋友。"

在这样的思维下,职场生活当然会陷入尔虞我诈的困局,团队内部既不和谐,也无信任,所谓"铁班底"当然也无从谈起。

很多人都认同一句话:"做什么事其实不重要,跟谁在一起做事才重要。"而在团队运营中,我们必须为成员植入"使命驱动力",让员工能够快乐地融入团队中,并让这支团队最终成为自己的铁班底。

对团队所有成员而言,个人使命都是人生的必然主题。只有使命,才能让人认识到工作的意义和快乐;也只有使命,才能让人们团结、奋进,为团队的存亡而努力。而在团队中,又该如何植入"使命驱动力"呢?

(1)培养和谐共处的团队关系。很多人对团队中的同事并不信任,甚至将其看作竞争者,而非合作者。因此,在植入"使命驱动力"时,我们首先要讲好关于竞争与合作的故事,打造一个和谐的团队关系,让所有团队成员都能够积极地参与到团队建设中。而这就需要我们充分发挥自身的影响力和沟通力,消除成员之间的矛盾,让团队成员能够和谐相处。

陈总在"空降"到某企业担任部门总监之后,就遇到这样的问题。在进入该企业之前,陈总有个得力助手小孟,因此,他带着小孟一起"空降"该部门,但该部门内却有个资深员工老张。

老张的工作能力没话说,但却总是讲究程序、制度,因此,在"空降"之后,小孟总是因为程序问题被老张唠叨;在员工会议上,小孟则会因为效率问题训斥老张。久而久之,两人的关系陷入一种恶性循环,别说合作了,共处都已经成为问题。

此时的陈总则很尴尬,一个是自己的得力助手,一个是企业的老员工。小孟关注效率没错,但对待老员工的态度太差;老张遵循程序也没错,但确实缺乏变通;自己作为"空降"来的总监,同样担心引起老员工的反感。陈总只好将两人拉到面前,想要调节下二人关系,但却没什么效果。

无奈之下，陈总只好对此睁只眼闭只眼，希望时间能抹平一切，但现实却是，新老员工的对抗情绪越发明显，最终老张申请离职，老板也对陈总的能力产生疑问。

（2）引导员工通过团队实现使命。我们必须要明白，团队成员的使命并不局限于业绩提升及其附带的物质激励。事实上，在职场中，多数员工更关注自我成长和自我实现。如果每个成员都信奉"不想当将军的士兵不是好士兵"，那么，因为"将军"的名额有限，"士兵"之间自然会相互竞争。

因此，我们就需要通过讲故事，引导员工改变"争做将军"的片面想法。员工的个人使命确实需要关注自我成长和自我实现，但如何自我实现呢？通过把本职工作做好，让团队持续成长——这同样是自我实现的方式。

我们需要让员工明白自身职位的重要性，每当团队获得成功时，也要让所有成员明白各自的贡献，让成员能够因为团队的成功而骄傲，通过团队实现个人使命。

（3）怀抱一颗知足常乐的感恩之心。团队的进步，确实需要一些疯狂的思想。但当谈及铁班底的运营时，我们还应怀抱一颗知足常乐的感恩之心，讲好关于感恩、欣赏和宽容的故事。

人生不如意之事十有八九，常想一二，在团队的发展中，总会出现各种各样的问题，此时，我们切勿过分强调问责，导致团队内形成"本位主义"的思想，因而陷入更大的合作困境。

我们应当带着欣赏、宽容的心态对待团队成员，对于一些小问题，可以采取更加宽容的处理方式，而非直接指责、埋怨。否则，团队内就很容易形成一种战战兢兢的氛围，影响团队内的和谐。

当然，欣赏、宽容并不意味着"和稀泥"，对于小问题的责任人，要让其明白自身的失误之处；对于重大事故的责任人，同样要严格处理。

铁班底的形成，需要一个疯狂的、可行的故事作为指引；但在此前，我们却要保持理性，先为团队成员植入"使命驱动力"，基于愿景、使命和价值观的共识，让团队处于和谐发展的进程当中。

06
铁军团队与铁班底，都是通过讲故事来凝聚的

从散漫无章到初具规模，从各自为营到铁板一块，从漫不经心到全情投入，这是一场蜕变。而要实现这样的蜕变，建立属于自己的铁军团队与铁班底，就需要通过故事来实现凝聚。

其实，我们的每一个员工都是一颗小太阳，但他们却从不知道自己如果努力一下会为企业带来多大进步；同时很多企业同样不知道怎么培养员工，也不愿意培养员工，员工因此永远都是员工。当企业像一个笼子把员工关在里面，年复一年，员工的活力则消失全无。

在三度集团的课程上，沈董对所有学员说："一位员工只有托起老板才能托起事业。三流员工拖累老板跟老板对着干，最后蹉跎岁月。二流员工跟着公司干，最后故步自封。一流员工推着干，让老板无事可做，最后成为公司核心铁班底！"

大多数员工都习惯等，等支持到位、等资源到位、等人员到位。如果不到位，这件事就做不了。其实，企业真正需要的是做执行的员工，让员工在执行中解决企业遇到的各项难题。但要实现这一点，甚至更进一步，将员工纳入铁军团队与铁班底，我们还需要学会讲故事，发挥故事的引导作用。

管理者必备的能力就是引导力和凝聚力。在铁军团队与铁班底的凝聚中，管

理者的引导力并非引导团队如何跟随自己，而是通过引导激发员工潜力，让员工自动自发地进行自我管理，从而增强团队力量。

很多管理者虽然拥有出色的工作能力，但他们最终仍然走向失败，正是因为引导力与凝聚力的缺失。这些管理者过于相信自己的工作能力，因此，他们在团队中十分强势，但当团队成员都成为只会"无脑"跟随的应声虫时，如果管理者遇到自身无法处理的问题又该怎么办呢？

团队的力量源自团队成员的互补关系。之所以团队管理都强调凝聚力，正是因为只有在团队成员的凝聚中，在协同合作、优势互补中，我们才能发挥出全体成员的力量，最终实现"1+1>2"的效果。而团队的凝聚力，则需要管理者发挥其引导力和感召力。

谈及20世纪最伟大的企业家，杰克·韦尔奇必然会出现在名单之中，他甚至被人称为"全球第一CEO"。在韦尔奇担任通用电气（GE）董事长的最初两年，他就让这家百年企业焕发新生，通用电气的市值更是从130亿美元骤增至4800亿美元。

而在韦尔奇的回忆中，最让他自豪的并非通用电气的成功，而是在GE。"在GE，我不能保证每个人都能终身就业，但能保证让他们获得终身的就业能力。"人才管理是韦尔奇最重视的环节，在他看来，"管理者的工作，就是每天把全世界各地最优秀的人才延揽过来。他们必须热爱自己的员工，拥抱自己的员工，激励自己的员工"。

韦尔奇向人们传授了自己的用人秘诀，即"活力曲线"：在任何一个组织中，必然有20%的成员是最佳的，70%的成员处于中间状态，还有10%的成员则是最差的。这个比例基本不会变化，但具体的成员名单却会不断变动，管理者必须牢牢掌握20%和10%的成员名单，对其做出恰当激励或惩罚措施。

韦尔奇甚至为通用员工都发放了一张"通用电气价值观"卡，上面明确了通用电气的价值观：痛恨官僚主义、开明、讲究速度、自信、高瞻远瞩、精力充沛、果敢地设定目标、视变化为机遇以及适应全球化。

当管理者拥有强大的个人使命时，我们想要凝聚团队力量、打造铁军团队，就必须用使命号召人才、用愿景引领员工、用价值观指导铁班底。这就需要一位具有感召力的管理者作为团队核心，通过讲故事与团队成员达成共识，并发挥模范作用成为团队成员的效仿对象。与此同时，管理者的那些生动故事也可以鼓舞团队成员士气，挖掘团队成员的潜能，调动其主观能动性，让团队力量得以发挥。

具体而言，管理者在借助讲故事凝聚团队时，必须考虑以下五点要素，打造出一个拥有足够感召力、引导力和凝聚力的人设：

（1）要有远大的理想或愿景，拥有坚定的信念、对未来的梦想，并将之传达给团队成员，获取员工的认同。

（2）要有远见，能够看清组织未来的发展方向和路径，从而引领团队的前行，这也是人们常说"管理者生活在未来"的原因。

（3）要有人格魅力，具备可靠、随和、自信等特质，让员工更愿意追随。

（4）要有卓越的能力以及丰富的经验，这是管理者令人信服的基础。

（5）要有饱满的激情，愿意并希望迎接挑战，以此调动员工的挑战欲望，进而实现更高的目标。

通过这五方面的人设修炼，管理者才能讲出好故事，在增强自身感召力的同时，将团队凝聚在一起，让团队在正确的方向上持续成长，最终锤炼出惊人的团队力量。

07
最会讲故事的企业

三度集团作为企业培训行业的知名品牌，多年来聆听了无数企业家的故事，也站在每个企业家的角度，为他们讲好关于企业运营与未来发展的故事，正是因此，很多学员将三度集团形容为"最会讲故事的企业"。

2020年已经过去，若要为这一年选择一个关键词那大概率就是"苦"了。2020年初时，大家仍然充满希望地告别惨淡的2019年，期待21世纪第三个十年迎来一个好的开端。但突如其来的新冠疫情却打了所有人一个措手不及，整个2020年都笼罩在新冠疫情的阴影下。

在这样的背景下，三度集团也为疫情后的中小微企业讲述了一段充满希望的故事。

2020年，最苦的莫过中小微企业：全年计划被打乱，好不容易熬到解封的那一天，却仍要面对新冠疫情反复的趋势和经济下滑的颓态，中小微企业的每一步都步履维艰在生死线边徘徊，我们甚至可能不知道破产和明天到底哪一个会先来。

一项关于中小企业现金储备的调查显示，34%的企业只能维持1个月，33.1%的企业可以维持两个月，只有17.91%的企业可以维持3个月。如今，新冠在疫情防控常态化的大背景下，对大量中小企业来说，如果还不作出改变迟早会面临灭顶之灾。

1. 发现问题才能解决问题

中小微企业在新冠疫情后究竟遭遇了哪些问题？企业又该如何面对这些问题、找到出路？很多企业都为此而苦恼。冰冻三尺非一日之寒，问题产生的原因绝不只是新冠疫情，我们必须深挖背后的原因才能找到出路，甚至转危为机。

针对中小微企业在新冠疫情后面临的各类问题，三度集团流量系统专家导师赵东玄就总结出了三大问题及形成原因。

（1）"苦挣差价没出路"。很多企业的价值都局限在产品的使用价值上，这样就很容易因为同质化竞争陷入价格战的泥潭。而在这一问题的背后，则是企业将焦点聚焦在营业额和利润上的差价思维，如果企业不改变这一思维模式，拓宽认知、不断纳新，即使没有疫情，倒闭也只是时间问题，因为我们永远无法赚到认知以外的钱，却会遭遇认知以外的"降维打击"。

（2）"固定资产难变现"。固定资产的前期投资极大，占用了企业大量的流动资金，但其价值却只能通过折旧方式逐渐转移到加工的产品中，只有当产品卖出去、换回货币资金后，固定资产的价值才能得以变现。因此，固定资产的变现能力极弱，很多企业却热衷于将大量资金投入到固定资产当中，因而导致企业抗风险能力被极大削弱。

（3）"不断投资没现金"。如今有一个普遍却又奇怪的现象，越大的企业的现金流越是紧张，因为这些企业总是不断在投资，拒绝"让钱闲下来"。然而，现金流对中小企业来说是一个重要指标，也是其发展能力和抗风险能力的重要基础。要知道，只有拥有足够的现金流，中小企业的良性高效发展才有了保障。

针对这三大问题，赵东玄老师对很多实战案例进行了深入剖析，启示中小微企业如何寻找应对之策，并总结出企业持续倍增的流量系统——"以用户价值为核心形成竞争优势和壁垒，最终形成自循环多维度变现的终极模式"。

2. 中小微企业发展必备玩法

随着时代的发展，增长越发成为企业发展的重要助力，在未来的商业逻辑里，不会再有不注重增长的企业。任何一家公司，都必须学会借助各种渠道和玩法获得用户和收入的增长，否则将不可避免地被时代淘汰。

除了增长之外,管理系统专家导师袁亮还具体阐述了关于如何解决企业管理难题的故事。袁亮老师指出,管理者是管理之本,只有搞定自己才能够搞定团队。

基本每一个企业都在开会,但大多数企业的开会效率却极低,究竟为什么要开会?应该怎么开会?什么时候开会?企业要做到有效的上行下效、上传下达,就一定需要一套完善的会议系统作为支撑。

袁亮老师将这套会议系统的所有重点毫无保留地融为一体,从基本要求到底层逻辑事无巨细。在这样的故事中,学员企业完全可以拿来即用,并迅速看到员工状态的变化,人好了,团队状态上来了,业绩也就不再成为问题。

与此同时,股权机制系统专家导师包启宏老师针对中小微企业的特点,总结出中小微企业股权分配的技巧和禁忌。

3. 学习突破认知边界

中小微企业家的思维高度决定了企业能走多远。一个企业发展需要的不仅仅是资金、管理和资源,随着时代的发展,企业需要升级的内容将越来越多,而其中一个核心要素则是企业家的思维,只要企业家能够学习突破认知边界,那其他的升级内容只需按部就班地进行即可。

长期以来,社会上的任何联盟、商会、协会几乎都以利益为目标,却并不具备良性的发展体系、共赢体系和机制,所以很多企业即使抱团取暖、度过寒冬,但当下一次危机到来时,"死亡"的概率仍然只增不减。

在数字经济的发展浪潮下,面对后疫情时代的背景,三度集团为民营企业提供了一条"抱团取暖"的共赢之路,共同抵御时代危机,开启民营企业新未来。疫情不是企业倒闭的托词,经营不善也不能成为处境艰难的借口,只有不断学习最新最实用的企业管理知识,不断丰富自身,企业才能长盛不衰。

WENHUA FUNENG
文 化 赋 能

后 记

"孩儿立志出乡关，学不成名誓不还。埋骨何须桑梓地，人生无处不青山。"1910年秋天，毛主席在离开家乡开启壮阔的一生之前，留下了这样一首诗作以作告别。这首诗是毛主席人生道路上的第一个转折，也在我内心深处埋下了"走出去成就一番事业，帮世人成就各自价值"的念想。

出身山东普通家庭的我，在高考结束后坚持去南方发达城市求学。那时我就在想：很多人虽说是在上大学，但只是度过4年浑浑噩噩、放飞自我的人生。然而一切本不该如此，大学是每个人积极索求、积累经验的重要时间窗口，如果将这些留待毕业后再逐步摸索，那我们的人生进度也等于在这4年按下了暂停键，4年时间不过虚耗……

因此，在大学期间，我对一切知识与实践都如饥似渴，我加入学生会、社团，寻找各种实践机会并总结经验、分享感悟。值得庆幸的是，虽然在这期间颇多坎坷，但我在精神上却感到无比的富足。

毕业前夕，我为自己设计了不同的人生经历，以求看到这个世界不同的形态。比如，独自去昆山的企业当工人，感受工作的不易；去外资企业，帮助其提升理财业绩；到商务会所了解花花世界，体悟不同人生。尤其是在毕业后的第一段实习经历中，我加入了一家以文化为驱动的电子商务机构。在这里，我体验到了世界500强企业的文化氛围，此前我从未想过一家企业会形成一种融合了家庭与学校的文化氛围，每天都有老师带队学习并形成反馈、交流沟通，每个企业成员都在共同成长、共同学习，而在这样的文化氛围下，企业的发展与员工的成就也都水到渠成。

直到此时，我终于对"孩儿立志出乡关，学不成名誓不还"有了更深的感悟，而不再只是一个年轻人一厢情愿的念想。而我也由此确定了属于自己的"青山"——教育事业，我要通过教育培训帮助更多企业及其面对的众多客户，并借此帮助更多员工及其背后的更多家庭。

带着这样的信念，我来到了上海，加入了一家教育机构，在这里，我遇到了我最重要的合作伙伴——沈柏锋和一帮志同道合的兄弟；也是在这里，我们将"成就员工"的课程做到了全国数一数二的级别。我坚信，这样的团队、这样一帮人才，必然能够成就一番伟业。在这样的信念坚持下，我们确立了三度集团的使命、愿景和价值观。三度集团的使命是为推动中国民企做强做大而奋斗终生，愿景是成为中小微企业首选商业管理学院，价值观是有态度、有深度、有厚度。

与其他企业不同，三度集团从成立之初就不是为了盈利，而是大家共同信念与愿景的落地载体。我们推出了"守护者家园"计划，每位三度集团成员都能得到覆盖上中下三代的福利保障：对上，三度集团每个月都会给员工父母发放养老金；对中，三度集团为每位员工购买了完善的人身保障保险；对下，三度集团则提供支持员工子女上学的学费。

三度集团成立至今，我们为上千家企业提供了企业咨询服务，也近距离见证了云胖烤鸭、大脚印文画、赋成学院、泽十字等品牌的崛起。

多年来，我看到了三度团队的不断强大，也对当初确立的信念感到自豪。多年来，三度集团当然也曾遇到自己的发展瓶颈，但我们却始终坚守这份信仰。

我仍然记得，在2020年新冠疫情暴发之初，每家企业都遭遇了严峻的挑战，三度集团也同样如此，其现金流也只能熬过半年到一年而已。在那时，我们核心成员就聚到了一起，我们很清楚，我们与三度已经融为一体，此时正是共甘共苦的时候，因此，我们一致提出"停发薪资"的倡议，等新冠疫情过去后看三度集团盈利情况再发放薪资。

新冠疫情以来，我们也接触了很多企业，有的企业陷入了更大的困难，在生死存亡之际，员工却很直接："不发工资我就走了。"很多企业由此倒下，但相对地，同样有很多企业坚持了下来，甚至在新冠疫情中转危为机、逆势前行。这其中的区别，是企业文化的力量在起作用。

正是在企业文化的传播中，三度集团其他的战略合伙企业也受到了三度集团"停发薪资"故事的影响，他们的员工与企业也积极响应，向老板提出了"停发薪资"的倡议，大家心连心、手牵手地面对挑战、攻坚克难，在共患难中互相成就，最终实现了企业发展、员工成就和更多人的价值实现。

毋庸置疑，在新的发展态势下，企业发展将面临更多挑战，每个艰难存活下来的企业都要考虑下一步该如何走，如何在危机中实现更大的成就——喘气休息的时候还没到，我们还要继续前行。

正是因此，我决定对过去数年的经验进行总结，用这本书帮助大家梳理企业文化的相关内容，帮助读者朋友成就一家上下同频的企业，并帮助企业和员工形成正确的世界观、人生观，并在更高的格局上确定自己的人生使命，用更强的信念实现自己的人生价值。

徐耀东

2021年8月